DETONATE
BRAND'S FEATURES

引爆
品牌卖点

解密电商爆品的策划思路

孙清华 / 编著

 中国工信出版集团　　人民邮电出版社
POSTS & TELECOM PRESS

图书在版编目（CIP）数据

引爆品牌卖点：解密电商爆品的策划思路 / 孙清华
编著. -- 北京：人民邮电出版社，2017.12（2024.4重印）
ISBN 978-7-115-37812-5

Ⅰ. ①引… Ⅱ. ①孙… Ⅲ. ①电子商务—商业经营
Ⅳ. ①F713.365.2

中国版本图书馆CIP数据核字(2017)第300418号

内 容 提 要

新产品上市能否寻找到恰当的卖点，是能否使产品畅销，能否建立品牌的重要因素。所谓卖点无非是指商品具备了与众不同的特点与特色。这些特点与特色一方面是产品与生俱来的，另一方面是通过营销策划人的想象力与创造力赋予产品的。

本书主要是介绍如何提炼这些特点与特色的，也就是如何找到产品卖点的。本书内容包括三编，即卖点进化论、破解卖点密码和卖点设计风暴。本书通过分析大量的产品策划案例，梳理了当前很多品牌策划人常用的思维路径，并提供了一些工具表格，以方便读者进行头脑风暴。

本书是写给产品策划人、产品经理的参考书，同时也适合所有电商从业人士阅读。

◆ 编　著　孙清华
　　责任编辑　刘　琦
　　责任印制　焦志炜

◆ 人民邮电出版社出版发行　　北京市丰台区成寿寺路 11 号
　　邮编　100164　　电子邮件　315@ptpress.com.cn
　　网址　http://www.ptpress.com.cn
　　三河市祥达印刷包装有限公司印刷

◆ 开本：720×960　1/16
　　印张：12　　　　　　　　　　2017 年 12 月第 1 版
　　字数：181 千字　　　　　　　2024 年 4 月河北第 27 次印刷

定价：45.00 元

读者服务热线：(010)81055256　印装质量热线：(010)81055316
反盗版热线：(010)81055315
广告经营许可证：京东市监广登字 20170147 号

前言

Preface

一家企业做起来的真相是什么？这是电商企业家最常问我的问题。因为电商企业和传统企业有很大的不同，电商企业变化迅速，今年是行业老大，明年就可能倒闭关门。

我们都知道"二八定律"。我们也很清楚，20%的企业占有整个商业社会80%的商业价值，20%的产品贡献了一个企业80%的销售额。而在一个企业的产品中，如何甄别属于那20%的产品？这是无数企业都关心的问题。很多企业也因为发现不了这20%的产品，导致自己的企业无法做大做强。用互联网的话说，这20%的产品叫作爆款，也就是我们通常所说的热销款。

可以发现，有时仅用一个爆款就足以养活整家公司，这样的公司被称为单品大爆款公司。例如，老坛酸菜牛肉面就是康师傅公司的爆款；绿箭和益达口香糖也是箭牌糖果有限公司的爆款产品。这些公司就是靠这样一款产品、一类产品、一个系列的产品成为了比较优秀的公司。所以说，一个产品足以拯救一家公司，并不是一句虚话。

那么，为什么这个产品能够崛起？为什么80%的销售额能由这个产品产生？这个产品到底有什么基因才能够从众多产品中"突围"？大多时间里我在研究商业规律，希望能够找到企业经营最重要的"法门"，这个"法门"可以让企业从小到大、由弱变强，能够适应转型，也能适应跨行业。然而最终我发现，企业做起来的真相就是产品力重塑。

产品力永远是最根本的竞争力。这句话通俗易懂，简单直白。这算什么真相呢？是人人都懂的道理呀！但是，正是这个人人都懂的道理才最容易被人忽略。在经营中，我们迷信营销推广，迷信明星代言，迷信品牌包装，迷信价格战，迷信销量为王，就是意识不到产品力的重要性。

产品力是什么？产品力是产品本身的竞争力。产品力是1，后面的营销推广都是放大器。只有产品力1的持续存在，才可能实现企业10倍、100倍乃至1000倍的成长。产品力持续多久，企业的竞争力就持续多久。产品力的1如果消失了，再多的营销推广都无法拯救企业的落败。

产品力重塑就是从根源上提高产品的竞争力，让竞争力、差异化聚焦成为一个"核弹头"，投到任何一个地方都能炸出一个缺口，让企业可以从这个缺口实现突围。

判断产品力优秀与否的最直观的标准是什么？那就是能否在市场竞争中成为企业的爆款，解决了这个问题就解决了企业突围的关键。

通常一个企业就靠一个爆款突围，一个爆款足以成就一个品牌。爆款模式是品牌模式中最常见的一种表现。

爆款凉茶成就了王老吉；

爆款鸡尾酒成就了锐澳（RIO）；

爆款儿童手表成就了小天才；

爆款保健酒成就了劲酒；

爆款吸尘器成就了小狗电器；

爆款扫地机器人成就了科沃斯；

爆款豆浆机成就了九阳；

爆款微波炉成就了苏泊尔；

爆款面膜泥成就了御泥坊；

爆款精油成就了阿芙；

爆款坚果成就了三只松鼠；

爆款煎饼果子成就了黄太吉；

爆款黄焖鸡米饭成就了全国连锁的单品、单店……

爆款成就品牌　**卖点成就爆款**

三只松鼠转型卖面膜，同样的团队同样的运营能力，却做不过御泥坊。御泥坊是护肤品牌，但即便在品牌中加入精油品类，大力度推广，或借助原来的粉丝进行大规模营销也做不过阿芙精油。为什么？因为品牌的突围都是靠爆款实现的，爆款一旦形成就成了客户心中固化的品类标签，所以优秀的品牌是品类的代表。

而一个爆款是靠什么突围的呢？

一个爆款的突围通常是靠一个核心卖点，一个卖点足以成就一个品牌。

大吸力这个核心卖点成就了老板抽油烟机；

安全这个核心卖点成就了沃尔沃和公牛；

无添加这个核心卖点成就了纯甄和柚子舍；

去屑这个核心卖点成就了海飞丝；

无硅油这个核心卖点成就了滋源；

闪充这个核心卖点成就了 OPPO 手机；

不伤手这个核心卖点成就了立白……

核心卖点是所有爆款产品之所以能成为爆款的核心，核心卖点是此品牌之所以区别于其他品牌的核心。所以说核心卖点是企业突围、爆款突围、品牌突围的突围核，我们称之为突围基因。

新产品上市能否寻找到恰当的卖点，是产品能否畅销，建立品牌的重要因素。所谓"卖点"无非是指商品具备了前所未有、别出心裁或与众不同的特点与特色。

本书主要是讲如何提炼这些特点与特色的，

也就是如何找到产品卖点的。在书中，我用了大量的案例来介绍卖点提炼的思路，我想这样会让更多人明白为什么会有这个卖点，它是通过什么思路和方法设计出来的。这本书不是在介绍文案的写作逻辑，而是阐述产品的突围思路——如何策划一款与众不同的产品。

本书梳理了当前很多品牌策划人常用的思维路径，并且在第 3 编提供了工具和表格，以方便读者结合公司的产品进行头脑风暴。本书选择的大部分案例虽然是电商案例，但是其道理适合全网的产品策划。本书是我从事品牌策划行业多年的经验总结，书中提供了大量卖点设计思路，相信一定可以带你进入卖点设计的大门。

编者

2017 年 8 月

目录

Contents

第 **1** 编

卖点进化论

核心卖点	2
超级卖点	6
新卖点	14
独家卖点	22
卖点进化	29
实卖点与虚卖点	35
卖点与"炸点"	40

第**2**编

破解卖点密码

卖点密码	47
外观即卖点	54
材质即卖点	64
工艺即卖点	73
功能功效即卖点	81
时间即卖点	89
数字即卖点	102
地域即卖点	112
人群即卖点	121
专家即卖点	130
理念即卖点	140
概念即卖点	151
情怀即卖点	157

第**3**编

卖点设计风暴

客户需求画像	174
竞品分析	175
跨行业头脑风暴	176
产品升级头脑风暴	177
卖点设计头脑风暴	178
后记	179

第1编

卖点进化论

1 核心卖点

　　新产品上市能否寻找到恰当的卖点，是产品能否畅销，品牌能否建立的重要影响因素。所谓卖点无非是指商品具备了前所未有、别出心裁或与众不同的特点与特色。这些特点与特色一方面是产品与生俱来的，另一方面是通过营销策划人的想象力和创造力赋予产品的。不论它从何而来，只要能使之落实于营销的战略、战术中，化为消费者能够接受、认同的利益和效用，就能达到产品畅销、建立品牌的目的。

　　卖点有很多种角度，可以是材质，可以是外观，可以是工艺，可以是这个品牌虚拟的某个特质。但是核心卖点只有一种，就是能够体现这个产品最核心竞争力的一个点。它被称为"杀手级"的卖点，这个卖点可以瞬间让客户记住，从而体现出这个产品区别于其他产品的竞争力。这个极其明显的竞争力即被称为核心卖点。

　　竞争力和区分度是核心卖点的两个要素。

案例 1 | 洗衣液的卖点与核心卖点

　　洗衣液可能有很多卖点，例如，无添加、洗衣服比较柔顺、洗得比较干净，这些都是它的卖点，但都不是它的核心卖点，因为大多数洗衣液都具备这些卖点，你有的大家都有，不能使你和其他品牌明显区分开。

　　而我们一提到立白洗衣液，就会想到不伤手，而"不伤手"就是立白洗衣液的核心卖点(图1-1)。因为在所有的洗衣液品牌中没有人主打这个卖点，所以这个卖点能和其他品牌区分开来。而且这个卖点具有竞争力，因为女人洗衣服久了确实对双手不好，出于对妻子的呵护,选用不伤手的洗衣液,确实是一个不错的选择。

图 1-1　立白洗衣液的宣传广告　　　图 1-2　汰渍洗衣液的宣传广告

　　而汰渍洗衣液的核心卖点就是去除顽固污渍(图 1-2)。它和竞争对手的区别就是顽固污渍也可以清除,"用汰渍,没污渍"——不仅洗得干净,而且洗得彻底,既有竞争力又有区分点。

　　碧浪洗衣液是后起之秀,但是也能在接近垄断的红海中谋得一席之地。原因就是碧浪洗衣液也找到了自己的核心卖点——"机洗洗衣液"(图 1-3)。这款洗衣液不是为人工洗衣而研发的,而是专门为洗衣机研发的。这个噱头很好,因为大多数家庭都用洗衣机洗衣服,机洗洗衣液貌似一个崭新的概念,"专业的人做专业的事情"这个原始认知让消费者认为洗衣也应该"对症下药"——使用机洗洗衣液。

图 1-3　碧浪洗衣液的宣传广告

突围靠的是什么？突围靠的不是产品的普通卖点，而是产品的核心卖点。

核心卖点就是企业的某款产品跟同行的相比最具有竞争力且是明显竞争力的点。

产品为什么要具备核心卖点才能实现突围呢？因为电商竞争与线下竞争截然不同，电商平台将全国的商家乃至全球的商家放在同一个平台去竞争，大家都在同一个平台做生意。在卖的连衣裙有1300多万件，在卖的女包有300多万个，在卖的牛仔裤有448万条……这么多参差不齐的产品，这么多同质化的产品，那么你想象一下会出现什么市场行为呢？这就是价格恶战。

这也是很多电商避不开价格战的原因，你必须考虑和你卖一模一样产品的对手的价格。

产品的卖点很多。随着商业社会的发展，你会发现每一个产品自从它上市的那一刻起就会有各种各样的卖点，但很多卖点已经被你的同行使用殆尽了。

你在网上搜索一个产品，商家会从不同角度阐述产品各种不同的卖点。一千个人眼中有一千个哈姆雷特，一千个商家也有一千个不同的卖点。

案例 2 | 补水面膜的卖点

你会发现仅仅是补水面膜这一种产品的一个功能——补水，就能够找到上百种卖点。

补水不如深层补水，它强调补得更深。

补水要安全补水，它强调补得更加安全。

补水要快速补水，它强调补得更加快。

补水要调养型补水，它强调边补水边调养肌肤。

补水要修复型补水，它强调在晒伤之后通过修复脸部肌肤进行补水。

补水要睡眠补水，它强调在特定的时间补水效果才是比较好的。

补水要微分子补水，它强调所有的补水只要不吸收都是假补水，只有微分子补水才容易吸收。

补水要纳米补水，它强调补水要细腻，纳米补水才补得细腻到位。

补水要有氧补水，它强调只有活水矿物质水才是真正的补水，矿物质水才是好水。

……

客户在万千同质化的产品中，很难一眼看到你的产品。所以一个产品要实现突围，必须找到核心卖点。

具备什么特征的卖点才算是核心卖点呢？

首先，这个卖点是超级卖点。有超越同行的竞争力。

其次，这个卖点是新卖点。在同类产品里具有明显的差异性，耳目一新、独树一帜。

最后，这个卖点是独家卖点，具有唯一性，拥有不可复制的行业壁垒，只有你有，而别人轻易不会具备。

2 超级卖点

所谓的核心卖点，第一个表现就是它是超级卖点。

超级卖点就是要让这个卖点跟同类产品的卖点相比具备竞争力，超越同类产品一个层级。超越一个层级的卖点，就是产品跟同类产品相比已经完全不在一个层级，具有超越性。只有这样的卖点才能称之为核心卖点，这样的产品才能称之为有超级性质的产品。

举个例子来阐释一下什么叫超级卖点。

案例 3 | 牛排的超级卖点

很多人喜欢吃牛排，如果一家西餐厅只是做牛排，那就是一家很普通的西餐厅。这家餐厅无非是牛排做得好吃，但这并没有多大的传播性和故事性。

很多西餐厅为了让自己更有竞争力，会邀请歌手驻唱。有驻唱的歌手，西餐厅就算是一家音乐西餐厅。跟同行相比，这样的西餐厅就有一点差异了，因为我们在能听音乐的西餐厅里吃饭会感觉身心愉悦，这样它的产品就具备了小小的竞争力，也有了一定的特色。但是这种特色很容易被模仿，且模仿的成本非常低。别的同行也可以在餐厅请一个歌手演唱。因为这个卖点很容易被复制，所以这个卖点不叫超级卖点。

我在深圳遇到过这样一家西餐厅，它的创始人来自汕头。在广东地区牛肉做得好的地方就是汕头，汕头人喜欢吃牛肉，传统的汕头牛肉丸就非常有名。如今，这家店的创始人采用了新式做法，于是，他们开了一个汕头牛排西餐厅。

在这家西餐厅里，也有一个驻唱的歌手，但是这家西餐厅标榜的是，这个歌手不是唱给人听的，而是唱给牛排听的。所以这不是一家音乐西餐厅，而是音乐牛排西餐厅。这跟同行的餐厅相比就已经完全不同了，所以它的口碑传播速度非常快，很多人觉得这家西餐厅与众不同，因为它的歌手居然不是唱给人听，而是唱给牛排听的。这里的每一款牛排都是由音乐调味而成的，是有音乐修养的牛排。也很容易让人联想到它的每一片牛排都是非常非常鲜活的，切出来的时候需要伴着音乐，让音乐融入并滋养这片牛排，这样的牛排吃起来才非常有感觉。

这也就是这家汕头牛排为什么能卖得那么火、卖得那么俏的原因。因为他们能够找到核心的竞争力，这是一个完全不同的超级卖点，它超越了同行，而且是明显地超越了同行。

案例 4 | 一头牛仅供六客

上文我们讲了一头文艺牛，听音乐的牛排，下面我们再讲一头"贵族牛"。我相信大家都知道一个品牌，这个品牌叫王品牛排，在一些卖奢侈品的商场就能看到这家店的存在，它的广告语是"一头牛仅供六客"，意思是一头牛仅供六位客人食用（图1-4）。

图1-4 王品牛排的宣传语

大家想象一下一头牛是何其大？但这家店把一头牛只供给六位客人来食用，可见它的高端与挑剔。

这个卖点也是非常具有吸引力的。我曾经去这家店吃过一次牛排，发现平均一个人要1 000多元人民币，这真是地道的贵族牛排。而一头牛仅供六客，这是一个非常特别的卖点表述。第一，它代表这家餐厅对牛肉非常挑剔，牛身上的大部分东西都不能选，只选择最好的部位供给食客，可见挑剔之极；第二，代表吃牛肉的人很尊贵，因为只有少数人才能吃到，尊贵感马上就被体现出来了。

少就代表精品，少就代表特别的尊重，少就代表他们宁愿很细致地做好一款牛排给客人享用，也不愿意去做各种普通的牛排，所以说这就是一个超级卖点，它超越了其他卖牛排的同行。

一头牛仅供六客，即便一个人收费 1 000 多元，但还是有很多人去吃，因此营利可观。

只有超级卖点，才有资格成为核心卖点，才能够实现在整个同类产品中的迅速突围，才能让一个品牌具有爆发力，才能让产品具有更大的竞争力。

超级卖点就是跳出同行竞争力的层次，进入一个新的层次来进行品牌营销。那么卖点是怎么分层次的呢？

三流企业卖产品；

二流企业卖品牌；

一流企业卖理念。

产品本身的卖点竞争是最低层次的竞争，因为产品本身的卖点都可以被同行复制和借鉴。品牌本身的企业精神价值跳出了产品本身，更具有品牌传播的价值，并将卖点上升到了一个新的层面。而产品的最高境界是卖理念，因为理念跳出了产品和品牌层面，站在行业的角度为客户提供一种新的体验，给客户传导一个新的决策观念，这就是行业层次的卖点。

竞争力 ≠ 明显竞争力　　　　**有卖点 ≠ 跨层级卖点**

超级卖点就是比同行的卖点层次更高的卖点，它将竞争从产品竞争上升到品牌竞争乃至理念竞争，是超越了普通层次和等级的卖点。

哺乳枕是产后妈妈喂奶时用到的一个重要产品，市场体量很大，利润也相当可观，所以有一大批企业进入了这个市场，纷纷打出各种卖点抢占市场，下面以哺乳枕为例来介绍卖点的等级和层次。

案例 5 | 三流的企业卖产品

图 1-5　哺乳枕

围绕哺乳枕（图1-5）产品本身，很多企业找出了与同行相比有竞争力的卖点：

　　　　益生菌面料的哺乳枕；

　　　　防螨抗菌哺乳枕；

　　　　零压力护脊椎哺乳枕；

　　　　彩棉哺乳枕；

　　　　无印染哺乳枕；

　　　　负离子填充哺乳枕；

　　　　会变化的哺乳枕——可以变成产后宝宝学坐枕、护腰枕……

以上所有的卖点都能打动客户，也都有一定的竞争力，可以说是在百花齐放地阐释产品的竞争力。但这些产品卖点都可以被同行复制和借鉴。因为这些卖点强调的是产品的基础功能，只要生产工艺逐步接近产品的基础功能，那么这些卖点便会沦为普通卖点，因此产品本身的卖点很难成为企业持久的卖点。

案例 6 | 二流的企业卖品牌

（a）

图 1-6　丹麦驻华领事推荐品牌

当产品的卖点变成大众化的基本卖点时，每一个企业都能实现以上的竞争优势。而这时就要看哪个品牌在哺乳枕行业最具有品牌价值，是值得信赖的品牌。

品牌级别的卖点基本上脱离了产品本身，上升到企业背书的竞争。大多数品牌级别的卖点可以从以下几个路径来进行包装。

1. 国际路线——源自国外，消费者对于国外品牌的认同感比较高，所以很多品牌强调自己的国外品牌包

装。所有哺乳枕中比较有竞争力的是丹麦进口品牌、欧美品牌和日本品牌（图 1-6）。

（b）

图 1-6　丹麦驻华领事推荐品牌

2. 专家路线——专业育婴师推荐或者医生推荐。一般大品牌都会强调自己专业的研发团队和专家团队，因为小企业不具备这样的实力，所以专家和意见领袖就被品牌企业所抢占。因此价格比较贵的一些哺乳枕厂家大多数说自己的产品是专业医学团队研发的，还请育婴师推荐，并由影视演员代言。

丹麦制造科技＊雪花填充
Fossflakes专利技术
意味着独一无二

创新技术材料
线性低密度聚乙烯纤维

无毒、无味、卫生、安全、高回弹、可水洗、不变形
像羽绒一样的轻柔、柔软、保暖、透气
没有羽绒的气味 一洗一晒 杀菌除螨

Oeko-tex standard 100一级（母婴）安全认证

专利号： ZL 2011 8 0039517.6
Oeko-tex 100认证码：SHFO 057977

图 1-7　专利品牌

3. 精神路线——有自己独立的品牌精神和特色。例如，"只做无印染彩棉哺乳枕，是生态哺乳枕的坚持者，全生态负离子填充"。这种品牌品质要求和"一头牛仅供六客"的品牌精神是一样的。

4. 其他软实力——全国连锁企业，出口贸易资质，欧洲标准认证，专利技术等软实力包装（图1-7）。

品牌层次的卖点会增加客户的信任感，在产品基本卖点都能达到的前提下，客户会优先选择有品牌力的产品。

案例 **7** ｜ **一流的企业卖理念**

理念就是对客户的决策观念和消费习惯做一次革新，从而实现对全行业的超越。这里的革新就是要"决定"客户的决策观，让客户根据你的卖点来设定行业标准。

例如，当很多妈妈还在关注哺乳枕是不是彩棉的和能不能抗菌的时候，"只有坡度45°的哺乳枕才是科学的哺乳枕"又成为了妈妈们选择的新标准（图1-8）。因为宝宝的胃和大人的胃有所不同，所以哺乳枕的坡度控制在45°的时候宝宝才不会呛奶，妈妈才不会压身。45°是购买哺乳枕的必须标准，不符合这个标准的哺乳枕容易导致宝宝呛奶和骨骼受损。

理念层次的卖点显然对整个行业具有冲击意义，超越了产品和品牌的层次，是更高级别的卖点。

理念也可以分为产品理念、品牌理念和认知理念，所以还可以再升级进化。超级卖点之所以称为超级卖点是因为卖点具有超越一般层次的竞争力和超越一般产品的区别点。

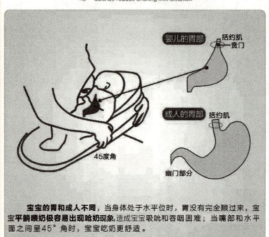

（a）

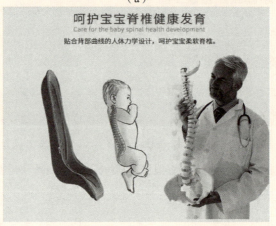

（b）

图1-8　45°哺乳枕的宣传广告

　　如果企业要想实现突围，就必须打造核心产品的核心卖点。这个卖点必须明显地超越同行，而且能让客户明显感到它是超越性的卖点。根据这个标准，大家可以看看自己的产品是否具备超级卖点。如果没有，应当从现在开始思考我们产品的超越竞争力在哪里。

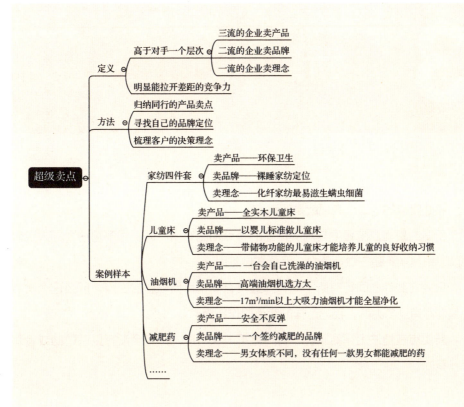

3 新卖点

核心卖点的第二个表现就是新卖点。

所谓的新卖点就是要与同类产品的卖点相比有所不同。很多营销界的人说做品牌营销其实不是在做竞争力，而是在做不同。

只要你跟你的同行有所不同，产品具有一个耳目一新的卖点，那么这个卖点也是非常有竞争力的，我把这样的卖点叫作新卖点。

新卖点在提法上是新颖的，客户是第一次听说，是完全没有见识过的或者耳目一新的。

案例 8 | 可以裸穿的鞋子

客户购买鞋子时特别强调鞋子的舒适度，但如果只是说鞋子穿着舒适，这个卖点虚且泛又没有具体的标准，因为每个人的舒适感是不一样的。

但是如果我们提出"可以裸穿的鞋子"的新卖点，你马上会感觉这种鞋子穿着特别的舒适。因为亲肤裸穿的感觉就足以令人感到舒适。再者，这样的卖点还会让消费者感到鞋子是防臭的，因为不用穿袜子就能穿，可见鞋子是多么护脚。

其实消费者也不会真的不穿袜子直接穿鞋，但这样的卖点可以让客户感知到生产厂商的挑剔程度和鞋子的舒适程度。

虽然同样是说舒适，但提法上不同就会令人有耳目一新的感觉。

新卖点在认知上是新颖的。

这个卖点表现出的是它的颠覆性，以及填补消费者思想认知空白的作用。

案例 **9** ｜ 锁水比补水更具有竞争力

补水面膜层出不穷，每一个品牌都有自己的补水卖点。快速补水、深层补水、安全补水、微分子补水……各种概念满天飞。消费者被很多品牌策划出来的卖点绕得头晕。到底什么样的补水面膜才是好的补水面膜呢？消费者根本没有概念。

光补水就够了吗？

错，补水不锁水，补多少都没有意义！

买补水面膜在消费者心中是为了补水，消费者对面膜的唯一需求就是补水，不管是快速补水还是深层补水都是在客户的原有思维体系当中做营销。消费者也接受补水的学说——水分子通过亲水通道进入皮肤层，深入肌肤基底，持续的补水可以让面部肌肤水嫩。

但仅有这样的卖点谁都无法在行业中占据领先地位。于是有的品牌就提出了崭新的观点——补水无用，锁水才是核心。这革新了消费者的思想认知，在认知上形成了一种新的决策观念（图1-9）。

图 1-9　传播锁水认知

补水虽然很关键，但是水补进去后，如果水分流失掉了，那么补水效果就会大打折扣。所以只有锁水才是真正的补水。这个新卖点是对原有卖点的颠覆，同时也是很具备竞争力的。因而锁水成为了所有补水面膜里经常被提到的功能。

这就是生产厂商对客户认知的填补和颠覆。于是客户从买补水面膜变为买有锁水功能的补水面膜，如果没有锁水的卖点客户就认为这不是好的补水面膜，这是一个巨大的改变。那么这个新的卖点就会导致整个补水面膜的竞争格局发生改变。

这个核心卖点刚出现的时候确实是一个新卖点，但用久了也就变成了一个老的概念，所以说我们在竞争中要不断地更新自己的卖点。

当锁水被大多数消费者认同之后，锁水就成了补水面膜的基础性卖点，生产厂商又需要新的卖点来革新消费者的认知。

后来又有人提出一个新的概念——锁水因子。

锁水效果好不好就要看有没有锁水因子。于是蜗牛酸这个卖点就被策划人提了出来。那么什么叫蜗牛酸呢？

如果你去法国旅游，你会发现很多法国人会去做一种SPA，这种SPA就是找一堆蜗牛在人的身上爬呀爬。爬完之后，你会发现蜗牛在你身上爬的过程中会分泌很多黏液，而这种黏液是太阳怎么晒也晒不干的，因此很多人把这种黏液叫作锁水因子。他们认为只有蜗牛体内才能分泌出这种连太阳都晒不干的黏液，它可以保持持久的湿润。而从蜗牛身上提炼出来的这种黏液就是商家所说的锁水因子，于是就有人发明了一种新的概念和提法——蜗牛酸（图1-10）。

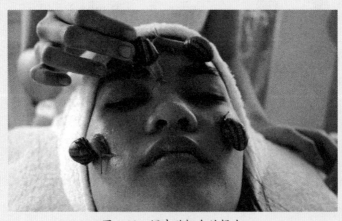

图1-10　蜗牛酸概念的提出

补水面膜里凡是没有蜗牛酸的面膜全是假补水，只有含有蜗牛酸的补水面膜才是真补水。因为蜗牛酸可以让水分子在你脸部的肌肤中长时间停留，拥有蜗牛酸的补水面膜，补水效果才好。

这个新的概念又一次掀起了补水面膜的革命，因为消费者发现蜗牛留下的黏液，太阳就很难晒干，只有这个东西才是真正无法被蒸发，才是真正能够锁水的一种元素。所以拥有蜗牛酸的补水面膜成为了面膜界公认的锁水标准。

从大脑的接受程度来讲，客户更加愿意听新的东西，愿意接受新的事物，愿意关注新的不同点，所以说如果是新卖点，关注度上首先就会比同行的高很多，它也能够让商家产品快速地实现突破。

一个崭新的角度，通常是容易被消费者快速关注和认可的，消费者总是记住崭新的而忘却陈旧的，因为在消费者的记忆中，它需要更新迭代，对老的东西、旧的东西，他总感觉已经过时了。所以说消费者需要听的是新观点、新概念、新名词。只有新东西才能给消费者带来新的消费冲动。

因此我们在找核心卖点的时候，要尽可能地用新的理念和新的想法，给客户带来新角度的思考。如果这个角度在同类产品里是崭新的卖点，那么你的产品将会具有强大的竞争力。

案例 **10** | **白加黑——新卖点的典型案例**

新卖点成功的品牌案例非常多，其中较知名的一个就是白加黑。白加黑作为感冒药中的后起之秀，在没有品牌历史沉淀之前，我们并不知道有这样一个品牌的存在（图1-10）。

白加黑之所以颠覆性地崛起，是因为白加黑提出了一种新的理念——感冒药可以分开时间吃。"白天吃白片不瞌睡，晚上吃黑片睡得香"。黑白分明，这样的理念在感冒药这个行业可以说是一种崭新的理念，它告诉我们有办法解决上班与治病的矛盾：白天上班的时候吃感冒药不会瞌睡，不影响工作；晚上吃感冒药

会睡得很香，更易于恢复体力。这个新的提法让它成为了感冒药中的黑马，这个
理念就是一个有爆发力的新卖点（图 1-11）。

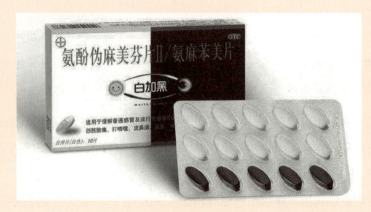

图 1-11　白加黑感冒药

其实白加黑的卖点也不是多新颖的卖点，在化妆品行业早就有人提出早霜
和晚霜的概念，白加黑只不过是把化妆品行业的一个很老的卖点跨界到感冒药
行业而已。其实很多类目的新卖点都是参考其他行业而创造出来的。每一次新
卖点的出现都会颠覆一个行业，都会推动这个行业再一次进行产品升级，也会
再一次更新消费者的认知。

认知新颖

表达新颖

即便不能填补客户认知上的空白，认知不新颖，表达也要新颖，即同一个卖
点可以换一种表达，如"榨汁"和"破壁"。

案例 11 | 从水果汁到破壁水果汁

　　吃水果这件事就是通过卖点更新让消费者认知的。最早大家接受的理念是吃五谷杂粮最为养生，很少人说吃水果能养生，自从医生告诉我们水果中含有大量的微量元素和维生素后，水果就成为了我们生活中不可缺少的一部分。

　　水果很有营养这个基本理念被我们接受之后，那么围绕吃水果这件事就产生了进一步的消费推动。

　　比如很多人说吃水果是不够营养的行为，因为水果咀嚼完之后，营养并没有被很好地吸收，很多营养已经被浪费掉了。

　　所以就出现了一个新的产品——榨汁机（图 1-12）。用榨汁机对水果进行榨汁，把所有水果内部的果汁提炼出来，我们喝下果汁，就能够更充分地吸收水果中的每一份营养。所以说吃水果不如直接喝榨好的水果汁。榨汁机的产生让消费者开始迷信精密机器所带来的吸收效果。

　　但是这个认知并没有持续多久。

　　在之后的几年，厂商又抛出一个新的关于吃水果的话题，这个概念的出现将水果上升到抗癌的高度。这个新卖点就是"破壁"。于是商业界就诞生了一个和榨汁机差不多，但是售价高出数十倍的机器——破壁料理机。

　　商家给我们传导的新观点是"破壁"才能激发出水果中的生化素，才能真正对人体有益。我们平常用榨汁机榨水果，只是把水果榨碎了，水果变成果汁来到我们肠胃里面。但这样处理浪费了水果中的部分营养物质，因为没有打破水果细胞壁的果汁其实相当于水果中的"水"，并没有最大程度地发挥水果的营养价值。

　　破壁料理机（图 1-13）高达几万转的转速会把水果的细胞壁打破，细胞壁打破之后，水果中的生化素就被激发出来，而这个生化素是可以抗癌的，是真正的有养生效果的营养物质。所以我们吃水果要吃破壁料理机处理后的水果。

图 1-12　普通榨汁机广告

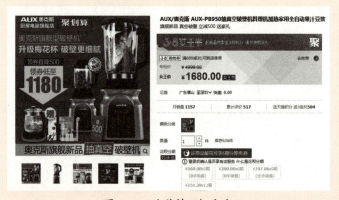

图 1-13　破壁料理机广告

　　于是破壁料理机成为了一个非常热销的产品，在网上价格高达几千元。从榨汁机到破壁料理机，同样是把水果榨碎，同样是变成果汁被人体吸收，但是消费者的思想认知却得到了一次巨大的改变。因为大家认为只有用破壁技术把细胞壁的生化素激发出来，才对人体好。

　　新卖点的产生使很多得了癌症的病人开始使用破壁料理机，因为他们相信吃了用破壁料理机处理后的水果可以抗癌。

　　新卖点能颠覆消费者的认知，只有新卖点才可以刷新行业标准。因此核心卖点中的标准之一是卖点是否新鲜。

新卖点能够更加引起客户注意，因为新卖点能够让你与同行不一样，能够让你迅速获取客户心理认知上的首要认同。而所谓的第一印象就是首要认同。

我们想成为客户心中的第一就要不断地去创新，跟别人不一样。做营销就是做不同。不同是所有品牌卖点的核心竞争力，也是核心卖点的重要表现。

所以我们应该好好思考一下自己产品的竞争力是否是从新卖点的角度上展开的，是否是向客户传播新思维、新提法、新概念，与同行相比我们是否可以从更新的角度定义产品的使用方法、使用效果和使用理念。如果全行业都没有，那么这就是很好的机会。

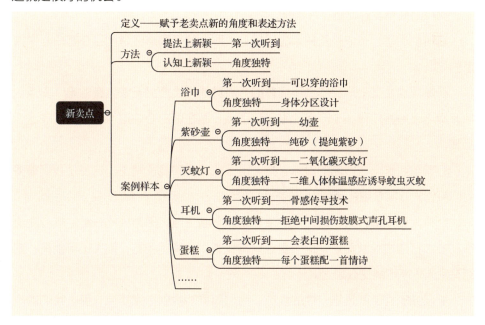

4 独家卖点

卖点的最高境界就是心智垄断。

有句歌词是："你是我独家的记忆"。那么独家卖点就是产品在客户心中独家的记忆。

独家卖点是某个产品本身所拥有的，而其他同类产品无法具有的唯一卖点。独家卖点就是客户对某个产品的唯一识别点，即在客户心中这个卖点就代表这个品牌。

心智垄断是无法复制的卖点，有一定行业门槛和竞争壁垒。这也是我们很多品牌策划人非常希望能策划出来的一种卖点。

所有人都知道，天下最好做的生意就是垄断生意，因为独此一家。核心卖点往往会被打造成独家卖点，这个卖点只有我有，只能是我有，别人不可能有，就算有别人也不可能这么表达。

所以独家卖点就是唯一性的卖点，我们如果能找到独家卖点，那么我们的产品竞争力也会是独一无二的，有独家卖点的产品，必将成为超级爆款。

很多品牌策划人喜欢寻找独家卖点，因为有了独家卖点就可以做到一劳永逸。它是有竞争壁垒的卖点，只要我用了别人就不能用。因为独家卖点在行业内设置了一个壁垒，所以就很容易占领客户的唯一认知。另外，独家卖点除了可以在客户心智中建立绝对区别以外，更重要的是可以建立竞争壁垒，使对手无法抄袭和复制。

就像为产品申请专利一样，我们也希望把卖点申请为专利。其实卖点本身就是品牌的知识产权，也应该申请专利。因为这是无数策划人费尽心思、绞尽脑汁才策划出来的知识成果。

因为独家卖点是我们独有的卖点，只能从我们自己独有的且别人不具备的核心竞争力上来进行思考。

什么是别的企业不可能和我们的企业一样的呢？就是企业的软实力。什么是软实力呢？通常是我们的品牌价值，我们的品牌故事，我们的团队，我们的某种独家工艺，我们的某种独家配方，抑惑我们拥有的某种专利技术。这些东西通常是不能够被同行复制和模仿的。

那么凡是从这些软实力中提炼出的卖点，往往就很容易成为独家卖点。因为这是从企业的软实力中寻找到的策划内容，是自己的企业独立拥有的，那么这个卖点就具有了唯一性。

例如，金龙鱼就是从品牌软实力中提炼了自己独家的卖点，从而让对方无法直接复制和抄袭。

案例 12 | 金龙鱼独家卖点的巨大杀伤力

最为经典和值得学习的一个品牌案例就是金龙鱼，它是独家卖点的典型。

大家都熟知金龙鱼的广告语是"金龙鱼，1:1:1 科学黄金比例。"金龙鱼给我们传达的思想是：食用油是分两类的，一类是 1:1:1 的食用油，另一类是非 1:1:1 的食用油。

金龙鱼品牌方说，用金龙鱼的这个核心技术做出来的调和油，是比较适合人体需要的调和油。经过科学认证，这是适合人体吸收的黄金比例。这个比例是经过科学家共同探讨而定出来的标准比例，也是比较健康的比例。

金龙鱼第一次提出了科学用油的概念，这也成为了客户对金龙鱼食用油的唯一心理认知，那么这就是金龙鱼的独家卖点。

因为金龙鱼这个卖点的产生，导致了很多同类品牌无法与之竞争。

无论竞争对手摆出多少种货品，打出什么价格，都无法改变客户的心理认知。1:1:1的科学黄金比例已经成为了行业的标准，并占据了400亿的市场份额（图1-14）。

独家卖点因为具有天生的唯一性，所以它对市场能够造成巨大的冲击力，并产生强大的进攻力。它的推广效果一旦形成，会对同行带来非常巨大的冲击。就像金龙鱼一样，企业拥有独家卖点将导致同行束手无策，只能眼看着它做大做强。

图1-14 金龙鱼品牌的宣传广告

一旦找到独家卖点，消费者就会对品牌形成强烈的关联认知，企业可以直接将一个产品打造成一个单品品牌。所以说独家卖点具有其他卖点无法比拟的核心竞争力。

独家垄断心智

独家软实力

案例 **13** | **冬虫夏草的独家卖点**

曾经盛行一时的"极草5X"概念，是一个典型的独家卖点策划。

"极草5X"，从名字上我们就可看出这个品牌是有独家卖点的。该企业推出了一种纯粉片的冬虫夏草保健品，是所有冬虫夏草保健品中的高端品牌（图1-15）。

图1-15　纯粉片的冬虫夏草保健品宣传广告

纯粉片的冬虫夏草是该团队新研发的，它打的广告语就是重新发明冬虫夏草——颠覆整个行业，它革新了冬虫夏草的吃法，提出纯粉片的冬虫夏草才是真正可以做到微吸收的一种冬虫夏草。

冬虫夏草自此之后也在消费者认知上分成两种，一种是普通的冬虫夏草；一种是"极草5X"。

这个卖点的出现一下子让"极草5X"在整个冬虫夏草行业瞬间扬名，成为了整个冬虫夏草行业的高端品牌，卖出了天价。

在2016年3月，此品牌因为概念过于夺目，被职业打假人和竞争对手公关爆出负面新闻，该公司曾经一度面临停产。经过几场官司，产品并无虚假问题，该公司最终胜诉。

这个案例充分说明了一点：好产品才是一切品牌的根源，卖点只是产品核心竞争力镀的金。如果产品不行，策划人员再努力策划也毫无意义。但是，从另外一个角度也说明了一点：独家卖点具有很大的魅力，因为它可以单独塑造一个品牌。

独家卖点往往能够快速塑造品牌，很多时候一个独家卖点就能成就一个品牌。比如王老吉，它靠王老吉老先生的中药配方做出了一个药用级的饮料。而这个只有王老吉先生才能做出的配方就是独家卖点，因为其他同行只要不是王老吉这个传承人出身的就无法具备这个卖点。"怕上火"这个配方是独家的，可以解决"怕上火"的问题；而且这个配方具有唯一性；又因为它是以人名命名的，更是独家中的独家品牌，所以它在我国被打造成了一个可以跟可口可乐相媲美的品牌。

案例 14 | 一种电饭煲的独家卖点

电饭煲市场竞争非常激烈，各种巨头林立，如美的、九阳、奥克斯、松下、飞利浦、索爱、东芝、小米、志高、小熊等。苏泊尔在巨头林立的市场里面怎么能够异军突起呢？其实也是靠它的一个独家卖点，并且苏泊尔把这个独家卖点注册成了商标。

苏泊尔设计了一款电饭煲，这款电饭煲它偏偏不叫苏泊尔电饭煲，也不叫电饭煲，苏泊尔给这款电饭煲起了一个新的名字——球釜（图1-16）。

图1-16　苏泊尔球釜的宣传广告

首先这个卖点是一个新卖点，很多人根本不知道什么是球釜。其次，这个卖点也是独家卖点，因为只有苏泊尔能解释为什么只有这种电饭煲才叫作球釜，这个技术是什么。

球釜的策划点源于小时候米饭的味道，因为小时候的饭菜有柴火烧出来的独特味道，这种味道在很多人记忆里留存着。球釜电饭煲就是能够做出柴火饭的电饭煲。苏泊尔为了让球釜等同于柴火烧饭，专门针对球釜做了如下解读。

"球釜电饭煲与其他电饭煲相比最大的不同之处是打破了传统直臂型内胆造型，采用球形设计。球形内胆独有的 62° 黄金双对流角，能够形成超强热对流，产生环流大沸腾，让每一颗米粒都喝饱水，达到 1.62 倍的黄金膨胀率，让米饭体积更饱满。球釜内胆采用厚釜技术，整体构造共分为荷叶不粘层、耐磨加固层、合金导热层、聚能精钢层、硅晶固化层、螺纹聚能环 6 层。能高效吸收内部的大火力，犹如柴灶中的大火包裹铁锅底部，热量瞬间穿透米芯，激发大米原有香味，尽情释放米饭甘甜。同时，精铁良好的导热性能，能让电饭锅更加节省电力。

与普通不锈钢内胆相比，同等厚度的球釜重量增加 28%，这就意味着球釜可以更好地实现材质厚度、重量与均匀热传导之间的平衡，让每一粒米均匀受热，充分糊化，使得米饭上中下都一样好吃。"

球釜设计成为当时所有电饭煲中极具吸引力的点，且只有球釜才能做出柴火饭这个卖点一出现，苏泊尔的这款电饭煲直接成为了全网销售的第一。

所以独家卖点往往能给一个产品带来翻天覆地的变化，会直接成就一个品牌，更能对同行造成致命的打击。这种卖点也是"杀手级"的卖点，所以说给产品找到"杀手级"的卖点，是需要不断努力探索的问题。

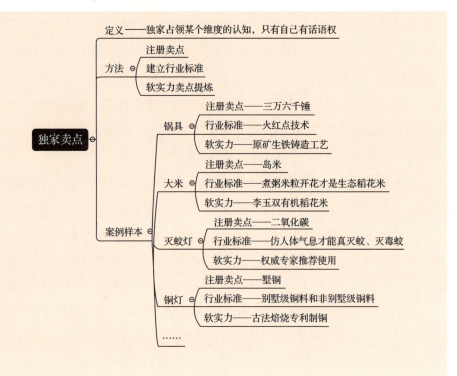

5 卖点进化

卖点是需要不断进化的。

当一个产品拥有一个新卖点，紧接着很多同类产品也会拥有这个卖点，这就是我们常见的同质化。

同质化是不可避免的现象，任何一个产品终将从差异化走向同质化，然后再经历从同质化到差异化的过程。而这个过程中就需要卖点不断地进行进化。

借鉴是文案写手的一个基本技能。优秀的文案多源于借鉴，很少是完全原创的。一个好的文案和卖点常常是在借鉴中实现超越的。

大多数品牌的崛起，都是从另外一个品类或另外一个竞争对手那里得到灵感，然后通过不断地借鉴，进而实现超越的。例如，前文提到的白加黑，白加黑的概念一出来，令人耳目一新：白天吃白片，晚上吃黑片。它提出了一个核心卖点，同时也是所谓的新卖点。这个卖点表面上看起来很新，是一个完全出人意料的新策划，但其实它也是"借鉴"的，借鉴的是化妆品护肤行业的日霜和晚霜。一个卖点在某一个行业已经用滥了，而放到另一个行业还是崭新的，这叫跨行业思考卖点。

所以品牌策划界有一句话：三流的文案自己写，二流的文案借鉴同行，一流的文案借鉴跨行。

最大的创造，不是自己去写、去原创，而是先借鉴，然后再进行微创新。

很多卖点是很类似的，别的行业曾有过类似的策划思路。有些策划人从同行或者跨行中得到一些启示，然后应用到另外一个行业，所以这些卖点才会有似曾相识的感觉。

案例 15 | 成功的卖点都是相似的

小肥羊告诉消费者，它的羊肉是 180 天以内的羔羊肉。

御泥坊说自己的泥块是 180 天沉淀出来的御泥，那么这两个 180 天有什么关联呢？

如果上面的例子还不够清晰，那么你是否听到过厨邦酱油品牌，它曾提出酱油要晒足 180 天，只有经过 180 天以上晾晒的工艺才能做出好的酱油。

其实这就是一个通过借鉴和模仿，然后成就了一个品牌的实例。

所以做一个品牌不要怕对手借鉴，如果有对手愿意借鉴，说明你已经快接近成功了，你有值得被别人学习的地方。

我们也不要惧怕同质化，因为同质化是商业的必然规律，任何人都无法摆脱和逃离同质化的命运。所以作为策划人，只要对这个卖点不断进行优化，让这个卖点不断更新，就能最终拥有核心竞争力，成为一个完全独家的卖点，这样的卖点就具备了绝对的突围力。

因此，我们从一开始就要知道，一家企业终将会走向同质化，这是无法避免的。

那么企业如何应对同质化呢？答案就是不断进化卖点，直到把这个卖点进化成核心卖点、超级卖点、新卖点、独家卖点。只有到了这个地步，你的卖点才真正具备了行业无法复制的突围力。

什么叫卖点进化呢？卖点进化其实就是对卖点进行升级，让你的卖点比同行的核心卖点更加深入一步，多领先一点儿，从而实现把同质化卖点变得不再同质。

卖点进化有没有什么标准呢？文案写得好坏，是否有具体的标准呢？答案是肯定的。

文案一般分成以下几个级别。

初级文案——描述类文案;

中级文案——有卖点的文案;

高级文案——有核心卖点的文案;

"杀手级"文案——有独特核心卖点的文案。

 案例 16 一款护眼灯卖点的高级进化

1. 初级文案——描述类文案

例如:这是一款好用的护眼灯,循环充电触摸开关,LED 光源。

点评:这段文案仅描述了产品的基础功能。

2. 中级文案——有卖点的文案

例如:这是一款专门针对高频用眼的学生群体研发的护眼灯,不闪屏、不刺眼,能够抗蓝光,使用效果好。

点评:这个文案突出了产品的卖点,"护眼"这个卖点有了具体的针对群体——学生,且是高频用眼的学生群体;不仅是针对特殊群体的护眼灯,而且是"不闪屏、不刺眼,抗蓝光"的护眼灯。拥有这样的产品特点是因为生产厂商对产品进行了升级,产品拥有了更强的竞争力。这就是有卖点的文案,在这个文案中,产品总共拥有 3 个卖点。

3. 高级文案——有核心卖点的文案

例如:这是一款每隔 37 分钟就会自动熄灭一次的护眼灯。人体视觉的疲劳期表明,每隔 37 分钟眼睛就会感到疲劳。因此,只有每隔 37 分钟使眼睛休息一次的护眼灯才能真正做到护眼。

点评:这个卖点只有一个核心卖点,就是 37 分钟的护眼标准。卖点不多,但是很聚焦,客户的认知也会更加深刻。

4. "杀手级"文案——有独有核心卖点的文案

例如:这是一款由医学专家和光学专家联合研发的润眼灯。爱德华医生和其他光学专家根据眼球对光线的感知，第一次提出了真正的护眼必须使用润光板，只有这样才能彻底告别因错误使用灯光而造成的弱视、近视等眼科问题。这款由医生和科学家研发的护眼灯不叫护眼灯，直接独家命名为润眼灯。

点评：这个文案基本上具备了核心卖点的特点——医生研发的润眼灯，并且是独有的核心卖点。

爱德华医生旗舰店就是靠这个"杀手级"卖点，在护眼灯行业产品普遍售价100元左右的时候，将自己的产品卖到了1 499元。

卖点的进化分为两种：一种是层级深度进化，即从初级文案过渡到"杀手级"文案；另外一种是在原来卖点的基础上进行描述修饰进化，以此来实现卖点的升级。

案例 17 | 一个产品卖点描述修饰式进化

产品：插板

进化：彩色插板

彩色安全插板

彩色无线安全插板

彩色原创设计无线安全插板

彩色原创设计无线智能安全插板

产品：奶瓶

进化：防呛奶奶瓶

防呛奶硅胶奶瓶

防呛奶全路径硅胶奶瓶

防呛奶偏头全路径硅胶奶瓶

育婴师推荐的防呛奶偏头全路径硅胶奶瓶

育婴师推荐的美国进口的防呛奶偏头全路径硅胶奶瓶

卖点进化，要么跳出原来的思考，进入新的层次；要么对原有卖点不断进行修饰加深，完成卖点的深入进化。

| 层级深度进化 | 描述修饰进化 |

 案例 18 | 一个手机的卖点进化形态

如手机的卖点，就可以有以下两种思路来进行进化。

1. 跳出原卖点进化。

例如，手机 —— 普通基本功能；

音乐手机 —— vivo；

拍照手机 —— OPPO；

美颜手机 —— 美图；

安全加密手机 —— 金立；

学习手机 —— MIMO；

全面屏概念手机 —— 小米 MIX。

2. 针对同一卖点进行深度进化。

以手机拍照的卖点为例：

双像素黑科技 —— 美图 —— 拍得美；

能拍星星的手机 —— 史努比 —— 拍得清；

前置 2 000 万柔光双摄镜头 —— vivo X9 —— 拍得柔；

莱卡双镜头 —— 华为 MATE 9 —— 拍得专业；

旋转镜头拍照手机 —— OPPO N9 —— 拍得有角度；

发烧级摄录水准手机 —— 索尼 Z5 —— 拍得苛刻。

卖点进化有它固有的公式，一种是按照超级卖点的层级来进化，另一种是在原卖点的基础上加上新属性。

没有同质化的卖点，只有同质化的思维。

没有同质化的卖点，只有同质化的表达。

没有同质化的卖点，只有同质化的层次。

如果你是在做品牌策划或想找到产品突出的卖点，那么只有具备卖点进化的思维才能找到差异化，实现突围。

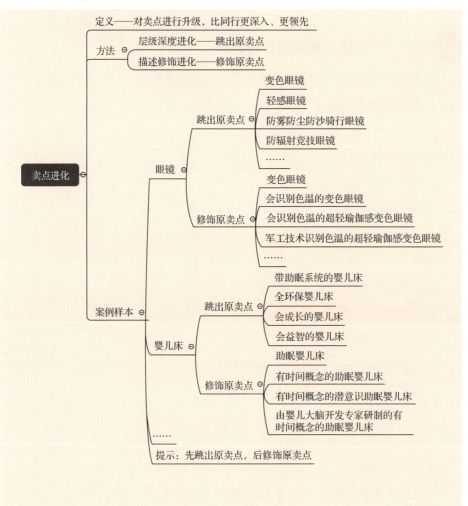

6 实卖点与虚卖点

太极生两仪，卖点分为虚卖点和实卖点，卖点的两仪就是虚实。

每一个产品都有虚的卖点和实的卖点。

所谓实的卖点，就是接触商品后可以被直接感知验证的卖点；所谓虚的卖点就是接触商品后不能被直接感知验证的卖点，是需要靠思想和意念来领悟的卖点。

例如一件衣服，它的卖点是抗皱免烫，这就是实实在在能够被感受到的卖点，这是一个实卖点。如果你向别人介绍说："这件衣服非常高端。"那么这个"高端"就是一个非常虚的概念，因为所谓的高端并不能被直接感受到，它没有唯一的标准且没有具体定性。什么是高端？跟谁比高端？所以这个卖点是我们自我感知到的，且每个人的感知程度不一样，这就是虚卖点。

了解虚卖点和实卖点，对我们有什么意义呢？

我之所以将实卖点和虚卖点进行单独讲解，是因为实卖点会进入同质化，而虚卖点不会进入同质化。分清虚实主要是为了解决同质化竞争的问题。

实卖点是客户用具体的衡量标准能够感受到的卖点，这种卖点你的同行很快就能进行复制。因此，这样的卖点不可能成为高级卖点，也不能给企业带来持久、差异化的竞争力，所以需要对卖点进行虚实转化。把实际的卖点转化为虚拟的卖点，把虚拟的卖点表达成实际的卖点，这是逃离卖点同质化和卖点虚无缥缈、不接地气的重要思维方法。

我们以西湖龙井茶为例来讲解卖点的虚实之变。

案例 19 | 卖点的虚实之变

西湖龙井，顾名思义是在西湖地区种出来的龙井茶。西湖龙井的核心产区有5处，其中最佳产地是狮峰。如果我们只卖狮峰产的龙井，这是一个实实在在的卖点，因为这可以实实在在地被验证，但这个卖点同行很容易复制。如果同行也说自己的龙井是狮峰产的西湖龙井，我们便失去了差异化的竞争力。

如果我们对这种实实在在的卖点进行虚拟化改造，让它变成虚卖点，也许它的竞争力马上就会凸显出来。

例如，不是所有的西湖龙井都采自古茶树，我们只卖狮峰茶区古茶树的龙井。

狮峰茶区的古茶树受南部钱塘江暖湿气流的影响，上空常年凝聚着一片云雾，茶区内气候温和，雨量充沛（年平均温度为16℃，年降水量为1 500毫米左右）。因此，茶树经常受漫射光、紫外线照射，便于茶叶中芳香物质、氨基酸等成分的合成和积累。

"狮峰龙井茶区内林木参天、翠竹婆娑，泉源茂盛，溪涧径流遍布，为茶树的生长提供了充沛的水源，茶区拥有山泉水养成的古茶树。由石英岩、粉砂岩和粉砂质泥岩风化而成的白砂土，既有利于排水，又富含硅、钾、磷等矿物质元素，而钙、镍、锰等重金属元素含量却较低，唐代陆羽《茶经》中所说的'砾者上'正与狮峰龙井茶区内的沙壤土相吻合。生长在这种良好土壤与气候条件下的茶树发芽早、芽叶多、芽叶柔嫩而细小，富含氨基酸、微量元素和多种维生素。"

茶树越古营养越甚，所以古茶树所产龙井可养生。

为了保证龙井的味道，我们只在早晨9点前采摘茶叶，而9点以后经太阳暴晒后的茶叶则不被采用。我们在行业内开拓了"一人一步"的手工炒茶工艺，只聘请有40年以上丰富炒茶经验的师傅，每个程序一名师傅，青锅一名师傅，回潮一名师傅，辉锅一名师傅，以保证炒茶时长和工艺不会变成工业化，不会破坏茶品。

经过上面的叙述，你会马上感觉这种西湖龙井和描述前的那种西湖龙井完全不同。其实我们只是对它进行了一次卖点的虚实转换，让它看起来更加接近于我们自己能够感知的范围。

为什么卖茶叶要讲地理位置，讲降水量和日照量，讲炒茶的区别呢？因为这些就是虚卖点。这些点平时客户根本都不关心，但写这些虚拟的卖点会让客户对这个产品的感情进一步加深，会让他们感到这种茶叶与其他的西湖龙井有所不同。

这就是为什么要把实卖点变成虚卖点的原因，因为只有虚卖点才不能被同行复制，才可以与客户加深感情，才可以变成核心卖点。但即便是虚卖点，我们也要描述得极其清楚，如同亲身经历、亲眼所见，这就是把虚卖点描述成实卖点。

案例 20 | 从一个吉他的卖点看虚实

一把吉他，非常好，音质清纯，1:18 的 PCT（校准精度），精确弦准，这是一个很实在的卖点。因为很实，所以可验证、可感知、可体验，也就意味着同行可复制，也同样可以做到 1:18 的 PCT，这样你的产品就失去了核心竞争力。

怎么办？

首先，我们思考购买吉他的客户类型基本上分为两类，一类是专业的吉他发烧友，一类是吉他初学者。吉他发烧友的需求就是音质、音色好，做工精良，用起来顺手的吉他；吉他初学者对音质没有很强的判断力，他们的主要需求就是快速上手。二者选择购买的产品的价位也不一样。所以产品卖给什么样的人就要围绕这些人来塑造卖点。初学者也许看到"1:18 的 PCT，精确弦准"，就已经认定是好音质的吉他了。然而对于专业级的发烧友来说，这个实卖点还不够。我们需要把实卖点变为虚卖点，才能征服这类用户。

可以将文案进行如下转换。

"这是一把历经 128 道工序，耗时 90 天，由制琴大师完成的纯手工制作的表演级吉他。这把吉他之所以被称为表演级吉他，是因为该吉他是音乐人和琴师根据声学分析技术，通过仿真分析的方式得出更佳的音梁结构来设计的，加强了中低频，使吉他的声色、音质可以取悦演奏者和聆听者，这款吉他已被多名音乐人所使用。"

我们说音质好，客户无法感知，好到什么地步？这款吉他为什么要比普通的吉他贵？我相信通过上面一段描述你会马上明白虚卖点的意义所在。虽然这些卖点都是看不到的，但却是可以改变客户认知的。所以要把实卖点变成虚卖点。虚卖点一定要写实，消费者读完这段文字，要能感受到画面极其清晰，要能感受到每个场景实实在在的变化，要如同自己也参与了吉他的研制一样。虚卖点写实能够强化客户对产品的情感认知。

"做工精良"，这是一个非常虚拟的卖点，我们无法感觉做工到底多么精良，没有任何评判标准，也不能进行感知。但是，如果我们换一种描述方式："这是一把经历128道工序，耗时90天，由制琴大师完成的纯手工制作的表演级吉他。"那么消费者会马上感觉到这是一把做工精良的吉他，这就是把虚拟的卖点表达出了实的感觉，从而迅速在客户心里产生了"做工精良"的具体感知。

实卖点是为了解决接触体验的问题，虚卖点是为了解决情感体验的问题。所以一个好的品牌，一定既要有实卖点，又要有虚卖点，只有虚实结合才能成就一个品牌。

那么什么时候用虚卖点，什么时候用实卖点呢？

产品初期，因为没有明显的同行竞争，所以可以写实卖点，让客户迅速感知到产品的卖点；产品的中后期，当大多数同行都有这种仿制的产品时，卖点高度同质化，我们就要想办法去尝试提炼虚卖点。

实卖点是虚卖点的基础，没有实实在在的卖点作为支撑和依据，一味地去写虚卖点就是在吹牛，那么这个产品的竞争力就不会持久。

虚卖点是实卖点的升级表达，它能把实卖点变得更具差异化，能够跟客户产生更强的关联，它是能够变成品牌软实力的卖点。

一个优秀的企业一定有一套完整的卖点，这些卖点有实卖点作为基础支撑，有虚卖点作为升级表达。所以卖点不是指一个卖点而是一套卖点，一个卖点只能成就一个单品，而一套卖点却可以成就一个品牌。

三流的企业靠实卖点突围。

二流的企业靠虚卖点突围。

一流的企业靠虚实体系的卖点实现全突围。

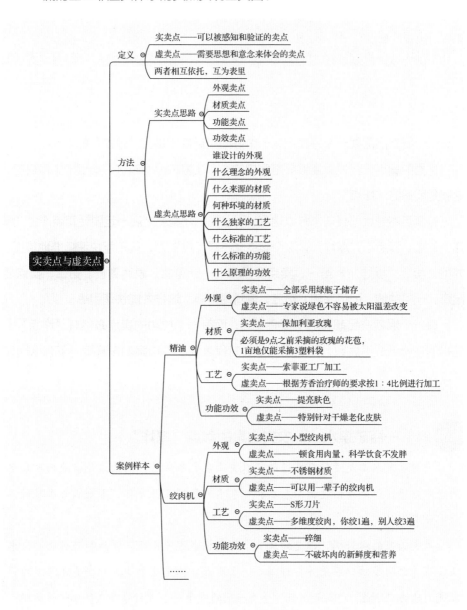

7 卖点与"炸点"

一个好产品需要一个好卖点，一个好的卖点应该是会"爆炸"的卖点。

优秀的卖点一出现就能够震撼客户的心，让客户瞬间对这个卖点产生惊喜感，这就是所谓的"炸点"。

好卖点本身就已经非常难以遇到，所以找到好卖点之后一定要让卖点产生"爆炸"效应。卖点不"爆炸"，这个卖点就不具备爆发力，就不能快速精准地传播。如何让卖点"爆炸"？第一，卖点要易懂，一针见血，表达到位。第二，卖点要出奇，一见钟情，记忆深刻。第三，简短易传播，这样才能快速引爆。

每一个爆款产品都有一个核心卖点，而每一个成功的卖点必然有"炸点"。这样的案例，数不胜数，我们用几个具有代表性的成功案例来解释一下什么叫作"炸点"。

案例 21 | 一瓶矿泉水——农夫山泉的卖点"爆炸"

一般矿泉水都是没什么味道的，农夫山泉也不例外，因为这是行业内矿泉水的普遍口感，但是如何突出山泉水和矿泉水的区别又很重要，否则农夫山泉就不能实现突围。

农夫山泉的水好喝，但是到底有多好喝谁也说不出来，因为和普通的矿泉水又没有什么明显的口感差异。好喝是一个卖点，但是这个卖点似乎毫无爆发力。农夫山泉的"好喝"到底如何与口感无差别的竞争对手进行爆炸式的记忆区分呢？

回归到产品源头，山泉水好喝的原因在哪儿？泉水是甘甜的，这是人们对山上泉水的印象，那么怎么样表达这个甜呢？

农夫山泉的策划特别厉害，首先他避重就轻，提出了一个口号，叫农夫山泉有点甜。所谓的有点甜，就是没有讲很甜，也没有讲不甜，而是只可意会不可言传的那种甜。如果你用意念去感受它的甘甜，那么是真的甜；如果你感受不到那种甘甜，可能是个人体验的问题，因为我们只是有点甜（图 1-17）。

图 1-17　农夫山泉的"炸点"

卖点——好喝；

"炸点"——农夫山泉有点甜；

易懂——一针见血的区别"有点甜"；

出奇——农夫山泉的"甜"与农民伯伯的"田"强关联；

引爆——简短上口易传播。

农夫山泉好喝是不能对消费者的认知造成记忆爆炸的。因为几乎所有的品牌都说自己的水好喝。而农夫山泉进行"炸点"描述后，瞬间就将山泉水与矿泉水做了明显的区分——有点甜。所以它的广告语非常具有传播性，能让品牌快速传播。

农夫山泉有点甜，它不同于农民伯伯有点田；农夫山泉有点甜，喝下去就是一种幸福的感觉，就相当于农民伯伯有点田。首先这个卖点是具有传播性的，其实这个卖点用了一种非常鲜活的表达，甜这个卖点已经不具备什么吸引力了，而农夫山泉有点甜，这就需要你去意会、去体验、去感受。其次，这个广告语用一句话，以简短的方式让消费者读懂了农夫山泉和其他矿泉水的一切差异化。

因此，农夫山泉有点甜就是一个典型的"炸点"。

通过以上案例，我们可以大概明白一个卖点的"炸点"是怎么诞生的。"炸点"就是把卖点写得与众不同，要有鲜活性，同时还能被快速传播。

"炸点"要把卖点进行一次彻底的改造，使新卖点能够在客户当中实现快速传播，而且能够让客户看到这个卖点的与众不同。

每一个卖点的"炸点"都在原卖点的基础上穿了一层外衣，是对原卖点的美化，从而让原卖点实现快速突围。所以如果平平实实地表达的卖点，你会发现它没有什么竞争力。当对这个卖点进行了包装，它就变得更加有趣，更加独特，更加鲜活，这个卖点就马上变成了炸点，并且容易被传播。

再给大家介绍一下其他品牌是如何把卖点变成炸点的。

案例 22 | 一件儿童哈衣的卖点爆炸

有一个叫作麦拉贝拉的品牌，是做儿童哈衣之类的产品的。很多妈妈买儿童服的时候都希望儿童哈衣干净卫生。但是介绍儿童服是非常干净卫生的，这个卖点其实很虚；说用的材质是很好的彩棉，但是同行都这么说。这时麦拉贝拉就提出了一个卖点——可以"吃"的哈衣。这个卖点具有鲜活性，麦拉贝拉成为了"可吃"理念的引导者，迅速成为了行业的顶尖品牌。因为宝宝会舔衣服，会咬衣服，"可吃"瞬间将"卫生"的卖点转化成了"炸点"（图 1-18）。

图 1-18　麦拉贝拉产品的宣传广告

　　卖点——干净卫生；

　　"炸点"——可以"吃"的哈衣；

　　易懂——"可吃"；

　　出奇——穿衣变成"吃衣"；

　　引爆——极致动作的表述方法。

　　产品的卖点大家都能找到，因为这个世界从来不缺乏发现卖点的眼睛，但却缺乏把卖点变成"炸点"的意识。只要把卖点变成"炸点"，这个品牌就会异军突起，这个产品就会瞬间得到传播。

　　化腐朽为神奇，就是对"炸点"的最好解释。"炸点"就是再普通不过的卖点，要对它进行爆炸式的包装，让这个卖点更有传播力、更有趣、更有个性、更加鲜活。哪怕这种表达方式非常的平淡，只要能让这个卖点与其他的卖点有差异，令人感到有所不同，就能够激活这个卖点。

　　炫迈口香糖就是这样一个典型案例。炫迈口香糖说自己的口香糖口感非常好，但这样的表达非常普通，于是它想到一种更好的表达——"根本停不下来"，而这个广告语不仅极容易传播且人们非常愿意去调侃它。

　　工作根本停不下来；

　　好吃根本停不下来；

好爽根本停不下来；

好玩根本停不下来；

好逗根本停不下来；

……

尽管这个卖点很普通，并没有什么出奇之处，但它的传播性却很强，引得很多人去套用它的广告语格式。就像"不是所有牛奶都叫特仑苏"这个广告语格式被很多人套用一样，"根本停不下来"也被广泛套用。

尽管这个卖点也没有表达出炫迈口香糖的口感到底跟别人有什么不同，但是"根本停不下来"就将只可意会不可言传的感觉充分表达出来了，这个卖点瞬间就鲜活了。

提起很俗的广告语，大家肯定知道，有一个品牌叫脑白金，脑白金主打的概念叫作送礼。送礼这个卖点本身没有任何突出之处，于是它就借用了一句格式化的表达"今年过节不收礼，收礼只收脑白金"。一句非常矛盾的话，正是因为矛盾点的存在，使这个卖点变得更加具有传播力，而且它的"炸点"也同时产生，送礼也与众不同了。

一个产品没有卖点，就不能称之为优秀产品；一个产品有了卖点，但这个卖点不能爆炸，也不能成为能够做大的爆品，所以卖点必须有"炸点"。

因此，面膜补水不如说给细胞喝水；

凉席凉爽不如说可以裸睡的凉席；

油漆环保不如说可以养鱼的油漆；

高跟鞋舒服不如说可以奔跑的高跟鞋；

内衣舒服不如说懂瑜伽的内衣；

花茶新鲜不如说会生长的花茶。

卖点升级"炸点"公式

卖点——

"炸点"——

易懂——

出奇——

引爆——

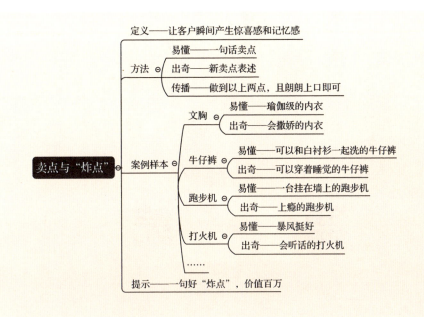

定义——让客户瞬间产生惊喜感和记忆感

方法
- 易懂——一句话卖点
- 出奇——新卖点表述
- 传播——做到以上两点，且朗朗上口即可

卖点与"炸点"

案例样本
- 文胸
  - 易懂——瑜伽级的内衣
  - 出奇——会撒娇的内衣
- 牛仔裤
  - 易懂——可以和白衬衫一起洗的牛仔裤
  - 出奇——可以穿着睡觉的牛仔裤
- 跑步机
  - 易懂——一台挂在墙上的跑步机
  - 出奇——上瘾的跑步机
- 打火机
  - 易懂——暴风挺好
  - 出奇——会听话的打火机
- ……

提示——一句好"炸点"，价值百万

第 **2** 编

破解卖点密码

8 卖点密码

前面我们都在讲卖点的重要性，卖点的分类以及卖点的类型。令很多人最为苦恼的不是这些，而是如何才能找到卖点。连卖点都找不到何谈卖点包装升级，何谈独家记忆。

很多人都想找到一个与众不同的卖点，那卖点到底有什么规律，卖点的"密码"到底是什么？我们怎么样才能找到与众不同的卖点。这一编我们就来认知卖点到底来自哪里，它的密码又是什么？

首先我们要知道卖点的本质是什么，卖点的本质其实不是文字游戏，而是对某种产品属性的放大。

卖点的本质是有竞争力的产品属性，每一个卖点都有一个属性，卖点来源于被需求的产品属性。产品被消费者需求的属性越多，则卖点越多。对产品的属性了解得越深刻，分解得越彻底，我们就能找到越独特的卖点并利用卖点进行销售。一个产品有很多属性，因此它有很多种卖点，每一种卖点其实就是对它的属性做了一次显著性的表达。

卖点的本质
有竞争力的产品属性

卖点的来源
被需求的产品属性

没有同质化的产品，只有同质化的思维，卖点是不可能被完全同质化的，因为一个产品拥有许多种属性，而每一种属性所表达的卖点又可以不断地进化。所以卖点既不断地在进行同质化，也不断地在进行差异化。简单来讲，产品的属性有以下几种分类，如表 2-1 所示。

表2-1 产品属性分解表

外观 (包装、形状、颜色)
材质 (原材料、材质结构、材质来源)
工艺 (工艺原理、工艺专利、工艺过程)
功能 (功能属性、功效属性)
人群 (人群年龄、特殊时期、特殊年龄、特殊习惯、特殊体质)
地域 (特定地形、特定气候、特定地区)
时间 (特定时刻、特定时间、特定季节)
新概念 (新的理解)

　　为什么说卖点的密码是属性，而卖点的真相就是对属性的升级和再次拆解呢？

案例 23 | 从家具行业看卖点密码

家具行业是一个大型行业，一件家具可以有多种属性，每种属性又可裂变为多种类型。

家具的外观属性可裂变为以下类型。

泛裂变——无漆家具、有漆家具、黑白色调家具

深度裂变——欧式风格家具、美式风格家具、中式风格家居、新中式家具、小美风格家居、北欧风格家居、意大利风格家具、现代风格家具、后现代风格家具、设计师风格家具……

家具的材质属性可裂变为以下类型。

泛裂变——板式家具、实木家具、纯实木家具、合成木家具

深度裂变——红木家具、橡木家具、松木家具、香樟木家具、水曲柳家具、胡桃木家具、榆木家具、樱桃木家具、桐木家具……

家具的工艺属性可裂变为以下类型。

泛裂变——纯手工雕刻、半手工制作、名师工艺

深度裂变——金箔工艺家具、做旧工艺家具、整木制作工艺家具、拼花工艺家具、古典漆家具……

从功能这个属性来看，家具的功能属性可裂变为以下类型。

泛裂变——耐用、无甲醛、多功能

深度裂变——收纳功能家具、会变化的家具、负离子家具、隐藏式家具……

家具的人群属性可裂变为以下类型。

泛裂变——成人家具、儿童家具

深度裂变——别墅人群家具、小户型人群家具、办公人群家具、女童家具、设计师人群家具、午休人群家具……

家具的地域属性可裂变为以下类型。

泛裂变——进口家具、国产家具

深度裂变——山地木家具、热带林木家具、北欧林木家具、英国松木家具、高原区材质家具、西伯利亚林木家具……

家具的时间属性可裂变为以下类型。

泛裂变——收藏传世、慢工家具

深度裂变——百年树龄家具、80 年家具品牌、源自御用皇室做法的家具、源自古中式传统的家具、复古家具、祖传工艺品家具……

家具的概念属性可裂变为以下类型。

泛裂变——智能家具

深度裂变——生态家具、视觉家具、艺术家具、物联网家具、磁疗家具、益智家具……

其实每一个细分属性，都有一部分客户人群，都能在市场中找到相对应的卖点。卖点源自属性分解，越是被客户所关注、需求的属性，越能形成有竞争力的卖点。属性拆分得越细卖点就越多。

案例 24 | 从家纺行业看卖点密码

家纺产品与客户有多种关联的属性。

家纺的外观属性卖点如下。

卖点——卡通家纺

卖点——3D 家纺

卖点——艺术家纺

……

家纺的材质属性卖点如下。

卖点——真丝家纺

卖点——纯棉家纺

卖点——针织家纺

卖点——羽绒家纺

卖点——驼绒家纺

……

家纺的工艺属性卖点如下。

卖点——拼接工艺

卖点——纯手工

卖点——高温预洗工艺

卖点——轻印染工艺

……

家纺的功能属性卖点如下。

卖点——恒温家纺

卖点——抗菌除螨家纺

卖点——双面家纺

卖点——免洗家纺

……

家纺的人群属性卖点如下。

卖点——老人恒温家纺

卖点——婚庆家纺

卖点——情侣家纺

卖点——儿童家纺

……

家纺的外观属性卖点如下。

卖点——进口家纺

卖点——出口全球家纺

卖点——酒店家纺

卖点——户外家纺

……

家纺的概念属性卖点如下。

卖点——生态家纺

卖点——感温家纺

卖点——音乐家纺

卖点——智能家纺

卖点——无甲醛家纺

卖点——裸睡家纺

……

根据属性来设计卖点的案例很多，例如移动电源，它本身就有很多属性，每种属性都可以当作一个核心的卖点。根据移动电源的外观，有人提出了新的移动电源的概念：如果它的外观特别好看，就叫它美学移动电源；如果它外形超薄，满足便携的需求，就叫它超薄便携移动电源；如果它可以当作一个手机壳，就叫它会充电的手机壳，这是一个功能跨界的移动电源。一个产品有多少种属性，它就有多少种卖点，而且每种卖点都有特点，所以我们要尝试对产品的属性进行拆解。

那么，同一种属性可不可以进行拆分呢？其实同一种属性也是可以进行再次拆分的。

案例 25 | 净水机卖点的拆分和裂变

净水机的基础功能就是净化水，所有的净水机生产者必须强化这个卖点，客户也最关注净化效果。可以说净水机作为功能类产品的属性之一就是净水效果。这个属性需求非常唯一。

净水机能把水净化得很干净，这已经成为了客户的普遍认知。所有的净水机都能做到这一点，那么至于净化到多干净呢？行业并没有公示，因此针对净化这个概念仍然可以再进行属性拆分。

卖点——六层净化

显然，你是在告诉人们，我们的净水机净化的程度比其他商家的净水机深。客户一般认为，多一层总比少一层好。

卖点——分离式净化。

将杂质和水同时进行分离，避免水的二次污染就要进行分离式净化，这种净化效果更佳。

卖点——矿物质净化

这说明我们的净水机净化出来的水是含有矿物质的，其他商家的净化是过度净化。过度净化之后，水就变成了纯净水，喝起来就不太健康。而我们的净水机可以保留水中的矿物质，能满足人们健康饮水的需求。

卖点——母婴级净化用水

这说明我们的净化标准非常苛刻，净化后的水是母婴饮用水。

卖点——弱碱性净化

这种净水机能够将水净化成弱碱性的水，净化它的碱性水对人的身体能起到平衡的作用，可以抗癌并可抑制某些疾病。那么这种属性就可以成为一个崭新的卖点。

通过这个案例，我们发现净水机净化水这个功能属性可以拆分成不同的卖点。因此我们可以将每一个属性再拆分，拆到不能再拆分时，再换一个属性进行拆分。若实在无法再拆分，我们就为产品创造一种新属性。

总之，没有同质化的卖点，只有同质化的思维。

9 外观即卖点

产品最直观的卖点就是外观。产品的外观是对产品自身最显性的表达，也是客户第一印象最直接的来源。因为客户第一眼就能看得出产品的与众不同，所以最容易创造差异化的是产品本身的外观。

比较优秀的产品在面世之前就已经赢在设计方面。产品从诞生之初就有一个与众不同的设计外观，那么这个产品的差异化就会显而易见。很多品牌就是用外观的差异化实现了产品的崛起。

案例 26 | 蓝瓶钙——专利保护的外观卖点

三精制药"蓝瓶钙"的广告早就家喻户晓。蓝瓶钙是一个早期靠外观差异化崛起的经典品牌。三精制药为了在口服液补钙市场做到绝对差异化，就采取了外观即卖点的策略。这种策略的优势是拿到外观专利，从而保证对手不能再复制自己产品的外观。所以用外观最能保护自己的产品，形成独家卖点。

在市场竞争中，补钙产品的卖点竞争很激烈。有的说自己的产品补钙足，有的说自己的产品钙质好……面对层出不穷的广告宣传，消费者不知道如何进行选择，商家也苦恼于如何与竞争对手产生差异。

外观是最快速的区别方式，所以三精制药非常聪明地推出"蓝瓶钙"的概念，宣布补钙进入蓝瓶时代。产品广告语也随之而来，天天铺天盖地宣传——"好喝的钙，蓝瓶的钙，三精制药出品"（图2-1）。

图 2-1　蓝瓶钙宣传广告

　　蓝色就是外观上巨大的差异化，三精制药提出"'蓝瓶钙'更纯，关键是好喝"。因为喝钙的大都是儿童，所以很多妈妈担心买回来的钙儿童不喝，如果追着孩子喝，那么会是一件很苦恼的事情。就在妈妈们不知道给孩子选择什么样的钙的时候，"蓝瓶的钙，好喝的钙"就成为了一个新标准。"蓝瓶的钙，好喝的钙"使儿童喜欢喝的钙成为了一个特殊的记忆点。蓝色这个外观成为了一个独特的卖点，因为蓝色等于好喝，从而占据了客户心中的形象外观，要不是蓝色的，就不具备好喝这个卖点。

　　产品外观上的差异化并不是因为客户多么需要外观本身，而是外观是客户快速区别产品的方法。每一个客户认知产品都是由外及内的。很多品牌在做品牌升级的时候首先选择的是更新产品的外观包装。作为一个存在很多年的品牌——农夫山泉，就在产品包装上不断地进行更新（图2-2～图2-5）。

图 2-2　农夫山泉的包装

图 2-3　农夫山泉的包装

图 2-4　农夫山泉的包装

图 2-5　农夫山泉的包装

　　产品外观上的差异能够让客户感到新颖，并会让客户认为这是新一代的产品，或者会觉得这个产品非常有趣，愿意给予更多关注去传播这种产品，因而会给客户带来完全不同的消费体验。

案例 27 | **雨伞——用外观创造差异化**

　　一般人都知道伞就是用来防晒或挡雨的。任何一把伞似乎都跳不出这个范畴，况且天堂伞几乎垄断了伞行业。然而，如果领悟了外观即卖点，那么就有可能跳出这个范畴（图2-6和图2-7）。

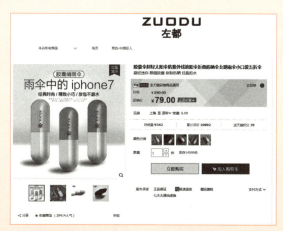

图2-6　左都伞的宣传广告（1）

　　有一个品牌叫作左都，它们换了一种角度卖伞，不是卖防晒伞或者挡雨伞，而是从外观的角度进行思考，把伞的包装进行了升级。伞的包装像药的胶囊一样。这种包装与普通伞的包装的样子完全不同，而客户会觉得这种伞非常有趣、非常好玩，会更愿意去关注这把伞到底有什么不同之处。

图2-7　左都伞的宣传广告（2）

这个品牌的好多产品都是从外观的角度来做差异化的，而且效果非常好。这也是外观差异化的一个明显的好处，就是不管卖点是否突出，客户都愿意花时间去研究这是一个什么样的新产品。

案例 28 | 红海中快速被记忆的女包品牌

有两个做女包比较出色的品牌，也是靠外观去做差异化的，即用外观做卖点。其中有一个比较极端的品牌，叫作紫魅，只做紫色的女包，店铺装修也全部是紫颜色的（图2-8）。紫色在人们心中是贵族的颜色，是奢侈品牌常用的一种颜色，所以紫魅只做紫色的包，只偏爱紫色。很多人一旦接触这个品牌，马上就会记住它，且不会忘记。

图 2-8　紫魅品牌的宣传广告

当然这是一个比较极端的做法，如果我们选择只做一种颜色，很可能会损失大量不喜欢这个颜色的客户，这样品牌想做起来就很难，但是将外观选为卖点在品牌界的效果却非常明显。

另外一个做女包外观的品牌叫作朱尔（图2-9），它就比较聪明。朱尔这个品牌本打算做真皮女包，结果真皮女包市场太难进入，竞争相当激烈，且利润高一点产品就很难卖得动。于是它就"曲线救国",选择只做动物纹女包。因为鳄鱼皮制品给人奢侈的感觉,再加上动物纹本身就代表真皮,所以它很快通过动物纹女包进入了真皮女包的市场,而且还占据了高价格区间市场,成为了女包行业里面的佼佼者。它的视觉呈现有蟒蛇、豹子、老虎等动物,每一个包都有鲜明的动物纹,这就是它外观上的巨大差异,也因此让人们记住了朱尔这个品牌。

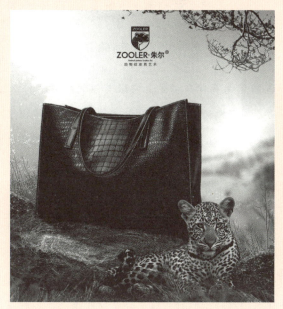

图 2-9　朱尔品牌的宣传广告

案例 29 ｜ 外观差异化让鸭脖市场大变天

有一个卖鸭脖的卤味品牌声势迅猛地做了起来,这个品牌就是周黑鸭。作为一个后起之秀和一个地域性品牌,周黑鸭能够迅速成长为全国知名的大品牌,源于它在外观上做了差异化。

一开始,绝味鸭脖、久久鸭一直是行业的龙头,为何突然间被周黑鸭挤占了市场呢?因为周黑鸭第一次在行业中改变了包装外观(图 2-10)。

图 2-10　周黑鸭的包装

客户并不知道周黑鸭有什么秘方，它跟其他的鸭脖有什么区别。客户感官能够直接感觉到的是周黑鸭的鸭脖是塑封盒装的。周黑鸭提出了一个"锁鲜"的品牌概念，只有三天以内的鸭脖才是最适合吃的，只有盒装的鸭脖才是真正新鲜的，而没有装在盒子里的鸭脖可能是不新鲜的。客户迅速地接受这个观念，因此周黑鸭也迅速成为鸭脖市场的行业老大，并且拿到了几轮风投。可见外观不仅仅是卖点，还是一个很不错的速效卖点。

案例 30 | 品牌定位有时候也是从外观开始的

家纺是一个技术门槛较低的行业。只要是纺织企业，各种花纹，各种面料都不难做出来，所以家纺行业的市场竞争很惨烈。有一年，全网商家卖的四件套居然都到了 29 块钱包邮，还送 4 袋洗衣粉，可见竞争有多激烈。

富安娜是家纺中第一个在外观上做出差异化的品牌。家纺本身在外观上很难形成差异化，但是富安娜聪明地把品牌定位成艺术家纺。艺术家纺本来就是一个很虚的概念，所谓艺术家纺就是产品比较有艺术性，在产品外观上多下功夫，做出有艺术感的家纺，并请艺术家杨丽萍做代言。

客户看到海报的那一刻，就能感觉到富安娜家纺的艺术性（图 2-11）。

富安娜靠非常强大的艺术感，树立起高端品牌的地位。这种艺术品家纺的售价很高，让客户形成了富安娜产品很高端的意识。后来，富安娜补充了大量的中端产品，客户发现自己终于能够消费得起高端家纺了，于是大量客户成为了富安娜的粉丝。让客户既享受了艺术品的感觉，又以中等价格购买到了产品，这让富安娜一跃成为一家非常受中产阶级及以上人群喜欢的家纺品牌，并且快速地实现了上市。可见外观本身也是一种品牌定位思路。

图 2-11 富安娜品牌的宣传广告

案例 31 | 外观能改变价格印象

大众品牌是一个很平民化的汽车品牌，这个品牌的产品在客户心中的形象是偏低档但价格实惠。很多人买的第一辆车就是大众。

大众一直想做高端系列，曾经做过一个高端系列——辉腾，售价 100 多万元到200 多万元。当时做出这个系列产品的时候，很多人在网上一顿热议。因为一辆宝马、奔驰才卖四五十万元，大众怎么能卖一百多万元呢？因此辉腾的业绩不甚理想。

后来大众又推出一个新产品，不仅价格卖得高，连奔驰都开始模仿大众推出了类似的产品，这就是大众甲壳虫。它的出现让许多人愿意出更高的价格去买一辆大众出品的甲壳虫。

甲壳虫之所以能够成为一个成功的产品，源于它在外观上颠覆了普通轿车的形象，它的外观与现在的轿车完全不同，所以客户愿意花更高的价格去买一辆甲壳虫（图 2-12）。

这款新车推出之后，开辟了女性汽车的新风尚，这也是奔驰后来专门推出女款汽车的缘故。

图2-12　大众甲壳虫的宣传广告

案例 32 | 碗燕——一种新概念燕窝

　　燕之屋，一个做燕窝的品牌，也在外观上做足了文章。燕之屋第一次提出了碗燕的概念，就是希望燕窝能够模仿方便面用碗来装，叫作即食燕窝。即食碗燕把燕窝做成像方便面一样的感觉，消费者可以随身携带，并且打开之后就可以直接食用（图2-13）。

图2-13　碗燕的宣传广告

这是燕窝产品中一个非常典型且具有差异化的举措，也让燕之屋在同行中鹤立鸡群。碗燕也成为礼品燕窝的首选。

外观是产品最大的广告，是一种能让客户一见钟情的设计，是区别于任何竞争对手的最大差异化，其本身就是卖点。我们可以看到，有人把面膜做成手机的样子称它为手机面膜，有人把日历做成主题日历，有人把白酒装在竹筒里，连矿泉水瓶都有人做成千奇百怪的样子。

有人说过，做品牌要赢在设计上，做产品也应该赢在设计上。做品牌是赢在策划思维的设计上，做产品是赢在外观差异化的设计上，并且要从一开始便与众不同，这也是最低成本的营销策略。

有些人仅在产品外观上稍微做了些差异化，就实现了快速突围。例如，一家企业把大颗粒黑糖变成了小颗粒，就这样一个小小的变化，便使其产品做到了全网销售额第一，这样的案例不在少数。

10 材质即卖点

消费者相信好的材质才能做出好的产品，所以说材质本身也是一种独特的卖点。我们在有些酒店吃饭的时候，会发现酒店的菜单上明确地写着——我们只用农夫山泉的山泉水炒菜，我们只使用鲁花牌花生油。其实这种标榜材质的做法就是在做差异化。虽然大家都是在吃火锅，但是现场倒入火锅的水全是农夫山泉水，你会感觉你吃的是山泉水火锅，心里似乎就觉得这个火锅与其他的火锅有所不同了。

充分地描写材质，把材质描写成一个产品独家的卖点是很多品牌一贯的做法，其中比较典型的案例就是小肥羊。

案例 33 | 小肥羊——在材质上找卖点的高手

小肥羊为什么能够做起来，首先是名字取得非常好：小代表嫩，肥代表香，小肥羊为什么又肥又嫩呢？

原因是它是来自于内蒙古大草原的羊肉，与普通的羊肉有所不同。我们很多人小时候都学过一首歌，其中一句叫作"风吹草低见牛羊"。这句话深深地印在很多人脑海之中，几乎所有人都知道在内蒙古大草原有肥美的羊群。小肥羊的火锅只采用内蒙古的羊肉，而且只采用锡林郭勒大草原散养的羊。小肥羊为了把材质表达到位，借用了牧民的话："锡林郭勒大草原里散养的羊，吃的是中草药，喝的是矿泉水，拉的是六味地黄丸，尿的是口服液。"这句话充分显示出小肥羊和普通羊肉的区别，感觉自己不吃一下小肥羊就没吃过真正的羊肉似的。

这还不够，小肥羊只采用 180 天以内的羔羊肉，所以肥美鲜嫩，在零污染的环境下长大，每天吃的草多达 146 种，其中 73 种可以当作中草药。听完这段描述，我想下次你去小肥羊吃羊肉的时候，一定会吃出不一样的感觉。小肥羊为什么最终能成为上市公司，这源于它对产品材质卖点的包装很到位，从而让小肥羊火锅变得非常具有竞争力。

材质本身就是卖点，通过材质来实现差异化可以让客户更加信赖产品的质量，更加相信产品的价值。与小肥羊有异曲同工之妙的品牌策划当属 1436。

案例 34 | 1436——材质即卖点的代表策划

"1436" 是鄂尔多斯集团下的高端羊绒品牌，"1436" 提出了一个崭新的概念叫作小山羊。"1436" 的品牌以世界最高羊绒规格命名，同时满足 "细于 14.5 微米" "长于 36 毫米" 仅采撷于周岁小山羊肩部与体侧的极品小山羊绒。每 1 千克原绒中，仅 2 克能达到 "1436" 的严苛要求，是代表顶级品质与工艺的国际精品品牌。

唯有倾注匠心方可衬托羊绒的尊贵，"1436" 极品小山羊绒以舒适安全、亲肤醇柔为品牌理念，从面料、材质到色彩，在工艺的深度研发上从未停止。高支精纺纱线工艺将 1 克羊绒纤维纺为长达 80 ~ 100 米的精细纱线，在水溶纤维伴纺下甚至可达 200 米，拥有如云朵般的轻柔质感；400 多种小山羊绒专有色彩的低温染色专利技术，既保证了色彩的绚烂与纯正，又保持了羊绒纤维的醇柔与弹性；手动提花工艺巧夺天工，别致繁复的艺术作品凝聚传统手工艺的精粹；每件产品从原料采集到成品的诞生，历经 120 多道工序，是精益求精成就的艺术臻品。

这个材质的规格就是品牌名，把材质精致打造成了独家卖点（图 2-14）。

2008 年，"1436" 入选中华国宾礼品，成为代表国家联结世界友谊的纽带。2014 年，"1436" 成为 APEC 峰会领导人配饰专属制造商，展示民族自信的同时，与全世界分享了顶级羊绒的温暖明亮。

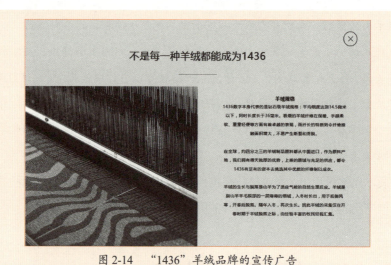

图 2-14　"1436"羊绒品牌的宣传广告

案例 35 ｜ 御泥坊——矿物护肤的开拓者

　　互联网中不乏用材质当作卖点而成长起来的成功案例，比较典型的一个就是御泥坊。御泥坊原本是一个湖南偏远县市的不知名品牌。品牌的创始人原来在线下有几个小小的店铺和专柜，店铺做得也不温不火，并没有快速树立品牌。而在一个叫戴跃锋的人申请成为御泥坊全网品牌总代理之后，御泥坊的品牌命运才改变了。

　　化妆品行业是一个非常难做的行业，因为客户比较青睐大品牌，如果是不知名的品牌，很难在这个行业争取到客户。所以御泥坊作为一个新品牌，进入市场其实并没有任何的客户沉淀且没有任何品牌知名度，在没有赚到回头钱的情况下，也不可能投入大量的广告做品牌推广，只能实现品牌的自我启动。

　　品牌要想实现自我启动，就必须找到差异化的点，找到核心的卖点，而互联网上的大品牌很多，不管是美白补水、保湿还是祛斑都有人做。产品不管是用无添加概念还是草本概念，都无法攻入市场，因为这些概念早就有大品牌在用。

　　当市场上充斥着各种品牌的化妆品时，客户对化妆品的需求更多地会倾向于安全，希望自己不要用含有太多添加剂的产品，不要用含铅、汞和其他不安全重金属的产品。于是使用安全的化妆品，就成为了很多消费者的共同诉求。御泥坊就是抓住了这个机会，充分表达了其材质的安全性。

御泥坊是怎么样使材质这个卖点最大化的呢？从下面精彩的文案包装就可以看到。

御泥坊首先给我们讲解了品牌名的来源，御泥坊之所以叫作御泥，源于这个泥是非常稀缺宝贵的，在清朝时期是要进贡到皇宫供皇室使用的，因此封这种材质的泥为御泥。而这种泥来自于大自然，是纯粹的天然矿物质。御泥坊的这种泥产量极其稀少，只在湘西的一个偏远小镇才有。相传在1 500年前，古代的居民一直保留着一种特殊的纪念仪式：每当开春时节，他们都要燃起篝火，载歌载舞，在唱唱跳跳的同时，往脸上、身上涂抹一种神秘的泥块，隆重对待一年一度的泥祭拜。据说，这样可以辟邪祛病、美容养颜。

为了让这种材质更加神奇，产品证件有这样一个叫作"白蛇传说"的传说故事。有一个老头得了皮肤病，家人为了防止他传染给其他家人，于是将他赶出了家门，当他在野外生存的时候，看到一条受伤的有明显伤口的蛇，钻到了一个石头缝里面。第二天这条蛇皮肤完好无损地爬了出来，于是他就认为这个石缝中一定有能够治疗伤口的泥巴，于是就把泥巴挖出来涂抹在身上，结果皮肤变好了。从此，这种泥巴就成为了珍贵稀缺的，人们用来美容养颜、祛病驱邪的"神泥"。

御泥为世界独有的不可再生的资源，只有湘西这个地区才能产出，而且产量也非常稀少，御泥坊的御泥并不是一块完整的石头，这种御泥不在石头上部，也不在石头下部，而是石头缝中间的薄薄一片，被称为石胆。其开采难度大，要经过纯粹的人工慢慢敲打，才能开采。其加工提取工艺也特别复杂，要经过180天左右的水泥分离过程，才能产生真正的御泥（图2-15）。

御泥坊通过御泥这种矿物材质，主打矿物护肤的概念，取于天地，来自自然，矿物护肤才是真正的自然无添加护肤。所以这种护肤产品是没有任何添加的，是充分安全的。

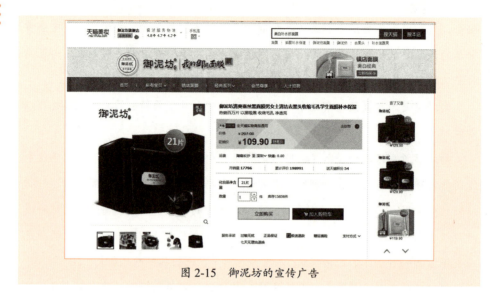

图 2-15　御泥坊的宣传广告

御泥坊就是根据这种材质，以该材质为卖点，展开了自己完整的品牌包装。基于这种材质的卖点，给御泥坊带来了巨大的差异化，矿物护肤成为了很多人的选择。"御泥坊"成为了面膜行业的一匹黑马，其销售额实现了亿万级增长。

案例 36 │ 全棉时代——医学背景的棉品

另外一个以材质为卖点的典型案例就是全棉时代。从这个企业的品牌名，我们就知道这家公司连名字里面都体现着材质。

全棉时代作为稳健医疗集团的全资子公司，传承了稳健医疗集团在医用棉制品行业 20 年的专业经验和生产经验，可以算得上出身非常好。稳健医疗集团的经验为全棉时代突出其用材，提供了非常强大的背书。

因为医疗企业的背景，稳健医疗集团研发了以全棉水刺无纺布为原料的仿纱布产品，这种产品很好地避免了传统纱布产品因掉线头引起的伤口感染问题，而且生产周期大幅缩短。但问题是各国的医疗认证都不承认"全棉水刺无纺布是纱布"，所以这种新材料无法进入医疗市场。当李建全发现很多卫生巾厂商愿意采购全棉水刺无纺布时，他看到了这款材料在日用品领域的潜力。

2009 年，稳健医疗集团创立了子公司全棉时代，生产高品质的全棉日用品。运用全棉水刺无纺布技术生产的纯棉柔巾、纯棉表层卫生巾等成为其核心产品（图2-16）。

图 2-16　全棉时代的宣传广告

全棉时代以其独创的"全棉水刺无纺布专利工艺"为核心技术载体，成功实现了医用产品向民用产品的拓展，作为全国唯一一家拥有医疗背景的全棉高端生活用品品牌，全棉时代（PurCotton）以"医学贴近生活，全棉呵护健康"为品牌核心理念，成功完成品牌塑造。

医学棉品标准是全棉时代的最大卖点。可以说是在所有棉制品材质上非常有竞争力的卖点。

100% 全棉代表 100% 的舒适，医学棉品代表着干净卫生。这两个因素支撑全棉时代只面向中高端用户，因此它的产品价位也相对较高，电商渠道和各个门店的客单价在 200 元左右。以纯棉柔巾为例，全棉时代的一款袋装居家日用清洁专用纯棉柔巾 100 抽的价格是每包 21 元，而超市里的各种 100 抽纸巾的价格不到 10 元。

从 2011 年做电商起，全棉时代就坚持在各个渠道都保证产品的品质、价格的一致性：不单独开辟电商供货生产线、（非活动期）线上线下定价相同，即便没有进行价格战，但做得还是很出色。

全棉时代就是把材质当作最大的竞争力，从而在棉制品市场中成为了一个广受欢迎的知名品牌，其门店现在遍及全国。

案例 37 | 巴伐利亚庄园——房地产项目中的特色差异化

在房地产市场中，有一个地产项目非常出色，受到很多人的欢迎，这就是河源市的巴伐利亚庄园。巴伐利亚庄园之所以能够成为旅游地产和现代地产中的一个突出案例，原因除了源于它有特殊的地理位置和环境较好以外，还有一个最大的特点就是：它采用木质结构，木屋是它最大的销售特色。

巴伐利亚庄园位于广东省河源市源城区，占山地 10 平方千米（水域近 2 平方千米），由深圳 DD 集团斥资 100 亿元建设，是"帮扶河源造血，粤港两地造园"的创新文化旅游示范项目。

巴伐利亚庄园以"健康养生、禅修养心、旅居养老"的三养为理念，打造"互联网＋欢乐旅居＋花海农场＋体育教育＋健康三养"的度假乐园。河源市具有"空气洗面、负离子洗肺、山水洗心尘"的生态环境，森林覆盖率达 71.2%，负氧离子含量达 12 000 个 /cm^3，年平均温度为 21.4℃，庄园紧邻著名的万绿湖景区，其水域相当于 68 个杭州西湖，是深港两地饮用水源地。

"住在木头里，不住在水泥里！"

"巴伐利亚庄园，每一幢房子都会呼吸，都是氧吧。"

在这么美好的环境当中，为什么要住木屋呢？巴伐利亚的木屋到底有何不同呢？我相信看了以下策划方案，如果你比较注重养生的话，那么一定会选择巴伐利亚庄园。

主题：生态木屋（益寿延年，返璞归真，回归自然）。

依据：科学研究证明长期居住木屋能延长寿命 9～11 年。

公认：人类居住的房屋以木造最佳。

原理：地球生物中树木的寿命最长且采伐后依然存活。

特点：绿色环保节能、调温调湿、抗震抗菌、隔音阻燃、防腐防尘防虫防潮。

木屋不仅冬暖夏凉、抗潮保湿、透气性强，还蕴涵着醇厚的文化气息，淳朴典雅；梅雨季节能调节湿度，当湿度大时木屋能自动吸潮，干燥时又会从自身的细胞中释放水分，起到天然调节的作用。木材有抗菌、杀菌、防虫的作用。因此，木屋享有"会呼吸的房屋"的美誉，是集绿色环保、健康、居住舒适、安全、贴近自然、使用寿命长和设计风格独具个性等诸多优势于一身的健康型住宅。

木屋可依据个性风格进行设计，其建设周期短，房屋的所有建筑产品都来自天然木材，环保无污染、结构强度高，具有良好的抗震性能，达到环保、安全、健康住宅的各项要求，非常适合人类居住。

木屋是世界性的休闲、家居主流产品。它的设计建造已经发展到了很高的水平。木屋使用纹理美观，色泽柔和的松木建造，其特点是冬暖夏凉，保湿隔热。芬兰有着悠久的木屋建造史，北美地区大约90%以上的家庭式住房是木结构的，人类使用木结构房屋在全世界已经有几千年的历史，中国大量的古建筑也采用木结构。木结构房屋便于维护。在芬兰、北美一些具有200多年历史的房屋仍然在安全使用中，当然这中间需要经过一定的维护，但一般混凝土的房屋经过50年就需要重建，因此比较而言，木结构房屋显然具有更长的使用寿命。轻型木结构因其木结构的特点，其内部结构布置灵活，结构外墙的木基层上，可采用不同的装饰材料丰富外立面；木屋的室内设计以自然健康，舒适使用为原则；功能分区合理，细心考虑到多样的家庭结构，适合不同年龄的人群居住，可满足开发商多种设计风格和消费者的个性需求（图 2-17）。

图 2-17　木结构房屋

木屋就是巴伐利亚庄园区别于普通住宅的最大卖点。巴伐利亚庄园向我们传递了木屋是养生度假地产最好选择的理念。会呼吸的住宅概念深入购房者心中，让巴伐利亚庄园在地产销售中声名鹊起，引得很多深圳客户去参观购买。

材质即卖点并不是说材质本身就是一个很好的卖点，而是要对材质进行充分包装。把材质变成自己的独家核心材质，把它变成自己的超级卖点，变成能够超越同行的卖点。所以材质需要包装才能区别于同行。

有一定特有属性的材质才能当作核心卖点。所以"小肥羊"一定要体现内蒙古羔羊肉的小和肥；"御泥坊"一定要体现是天然的矿物御泥；"全棉时代"要说自己是医学棉品；巴伐利亚庄园要说自己的木屋是长寿养生木屋。

思考你产品的材质是否与同行相比有所不同？如果没有任何差异，你又将如何做到差异化？

11 工艺即卖点

工艺本身就是一种卖点，它与外观和材质有所不同，外观和材质都是比较实实在在的卖点，而工艺是一种比较虚的卖点。一个行业的某种工艺只有行业内的人知道，如果是独家的工艺技术连同行都未必知道，消费者更是完全不知道产品工艺是什么，因为它无法被消费者感知。

正是因为工艺本身对消费者来说比较虚，所以它才可以成为独家卖点。这种卖点无法被消费者和竞争对手所知，所以就容易包装成自己的核心卖点。

在工匠精神盛行的今天，很多人强调做精品，而产品要做精必须有好的工艺作为支撑，所以工艺就能成为一个比较好的卖点。如果我们的工艺具备独特的差异化或者这门工艺只有我们自己能够掌握，那么生产的产品就具备了强悍的竞争力。

案例 38 | 铜师傅——大师与工艺的品牌之作

铜师傅就是互联网品牌中将工艺作为突破点的一个品牌。铜器工艺摆件的制作流程并没有什么差异化，铜的分类无非是青铜、黄铜、全铜等，本身并没有任何的不同，所以不管怎么样去包装材质都不能有更强的竞争力。铜的外观可塑性也很强，不管什么样式，人人皆可为之，所以也很难找到差异。铜师傅只能从工艺上去做差异化以区别于竞争对手。

铜师傅这个名字取得非常好，因为消费者听到这个名字，马上会感到是一群大师在做铜器，同时这个品牌对工艺非常讲究，显得特别专业，就像它的名字拥有大师风范一样，这家品牌铜器工艺摆件当中也有大师级的作品（图 2-18）。

图 2-18　铜师傅品牌的宣传广告

2016 年"双 11"期间，铜师傅销量翻倍增长，当天突破 2 000 万元的大关，最终以 2 625 万元进入天猫家纺家居饰品大类目的前五名。店铺中的爆品铜葫芦一年卖 20 万个，对于工艺摆件这么偏的类目来讲是非常难得的一件事情。铜师傅也是一个众筹高手，一尊铜大圣上线 23 天，众筹 500 万元，45 天，众筹 947 万元。

为什么铜师傅能取得这么优异的成绩？这与其对产品苛刻的要求非常有关。一群追求完美、视艺术为生命的年轻设计师、雕塑家和一群功力深厚、技艺超群的铸铜师傅为了追求一个共同的梦想——创造出世界上精妙绝伦的铜器，而走到一起。他们通宵达旦，废寝忘食，反复斟酌，不停实验，从设计草图到雕塑泥模，从模具焙烧到精铸打磨，他们都殚精竭虑，修改无数，废千件而成一款。

铜器的制作方法有很多种，但是以失蜡铸铜，这种 1000 年前的古法最为复杂，也最为精湛。流传至今的古老佛像，无不采用这种繁复典雅的技法铸就，时光流逝，佛像面目依旧清晰，佛身依旧栩栩如生，从中也彰显出失蜡铸造铜的生命力。铜师傅即采用此种流传至今的古典技法，以传承入微的泥雕制成细腻光滑的蜡胚，再辅之以砂加热将蜡融化，再在砂模中注入 1 000 多摄氏度的铜水，冷却定型后，则凿出砂模，取出浇铸好的铜毛胚，再经反复打磨、清洗、着色，才能够得到一件完美的铜师傅作品。

铜师傅是工艺即卖点的互联网品牌代表之作。失蜡铸铜与古法焙烧的工艺成为铜师傅区别于其他同行的工艺。再加上大师的背书，更显得其工艺的独家性。

铜师傅正是因为工艺如此精湛，坚持久炼成器，造化入铜的精神，才成为所有铜器工艺摆件当中的高端产品，才在电商低价大行其道的时候，异军崛起，成为了一个优秀的互联网品牌。

案例 39 | 右道——四面弹造就了弹力牛仔

除了艺术品摆件行业以外，其他行业也比较擅长拿工艺作为产品的卖点，比如服装类目。牛仔裤行业曾经出现过一匹叫右道的黑马。右道之所以能够快速做起来，源于企业突出了一种工艺——四面弹。四面弹牛仔裤就是右道这个品牌的标签。

右道坚持要做塑身的牛仔裤，曲线是一种科学，也是一种美学，在这种思想的指导下，右道希望颠覆行业，做一款从 90 斤到 160 斤都能穿的女性牛仔裤，而这种女性牛仔裤又具备非常高的弹性，所以不会很紧很贴，同时还具有塑身的功效，于是四面弹工艺就诞生了（图 2-19）。

图 2-19　四面弹牛仔裤的宣传广告

四面弹是一种什么工艺呢？因为氨纶织物根据用途，可以分为经向弹力织物、纬向弹力织物以及经纬双向弹力织物，又称四面弹。四面弹拥有 70D 突破性的回弹力，可以有 360 度全向弹力，不管蹲卧还是劈腿，都完全没有问题。右道考究每一个美学角度，贴合每一个姿态弧度，考虑每一位消费者的身体比例，之后又创造出四面弹第二代，采用特殊四片布工艺，使四面弹更加紧密回弹，更胜以往。右道通过这一工艺，迅速崛起，在整个牛仔裤行业掀起了四面弹牛仔裤的时尚热潮。

案例 40 | SENO——HeatFix 耐洗定型技术

在打造以工艺为核心竞争力这一点上，SENO 是比右道做得更加出色的男装品牌。SENO 的定位为修身衬衫专家，它创立于 2009 年，在 100 万版型大数据支持的基础上，打造出更加适合亚洲人体的原创修身版型，使消费者呈现挺拔自信的形象。该品牌成为众多追求品位的中国精英男士的着装选择，在整个互联网行业收到了 98% 的版型好评率，年衬衫销售量达 240 万件。

SENO 提出，修身不等于紧身，修身衬衫更加呈现身体线条。体型偏胖的人穿 SENO 修身衬衫更加显瘦，体型偏瘦的人穿 SENO 修身衬衫更加自信，这就是他们工艺追求的理念。

为了把衬衫做得更好，SENO 使用日本东丽免烫面料，英国高士缝纫线，德国科德宝定型嵌条，日本 ykk 拉链，日本兄弟缝纫工艺，德国科德宝宝翎衬。一件衬衫经过 46 道缝制工序，18 道免烫处理工序，10 道后续整理工序，16 道质检工序，合计 102 道制作工序完成。

品牌坚持匠心造物，坚持使用创新工艺，独创 HeatFix 耐洗定型技术，这种独特的工艺可以做到：男装机洗不变形、不掉色，塑形效果更加持久。再加上其后续的免烫整理工艺和丝光工艺，奠定了 SENO 专注修身衬衫的行业地位（图 2-20）。

SENO 依靠这种工艺给行业修身男装制定了一个标准，而且 SENO 把这种工艺注册成商标，将这种工艺进行了彻底的保护。

图 2-20　SENO 品牌服装的宣传广告

SENO 凭借阵容强大的设计师团队，严苛的供应链品质控制体系以及快速便捷的服务，独家的工艺理念，迅速跃居男装线上销售 50 强。

案例 41 ｜ 鲁花——5S 物理压榨工艺

食用油向来是烹饪美食的关键，而我国的老百姓常常选择原色原香的油品。正因如此，市场上天然健康、原色原香，没有任何添加剂的食用油非常受消费者欢迎。

而在所有打安全牌的食用油中，鲁花做得最为出色，以至于很多高档的酒店都宣称我们只用鲁花花生油。鲁花是靠什么崛起的呢？

众所周知，市场上有很多地沟油以及调和出来的劣质油，而鲁花则提出了我们不做化学调和油，我们只用物理压榨，只有物理压榨的油才是原色原香，才是真正安全的、不失去营养的食用油的理念。

物理压榨是一门行业工艺，这是同行们都知道的。为了实现绝对的差异化，鲁花提出了 5S 物理压榨，成为了物理压榨领域的领导者（图 2-21）。

图 2-21　鲁花品牌的宣传广告

鲁花靠 5S 物理压榨工艺实现了品牌突围。鲁花 5S 压榨工艺是指 5 重标准，从 5 个方面来衡量和进行质量控制。鲁花独创的 5S 纯物理压榨工艺科技含量高，通过了国家科技成果鉴定。5S 具备五大优势。1. 生产中避免了化学溶剂对油品的污染，使食用油品质的安全性得到可靠保障。2. 该工艺采用独特焙炒工艺，解决了花生制油的生香和留香问题。3. 采用集成高新技术，解决了成品油中酸价超标的问题。4. 该工艺废除了浸出油采用的溶剂、碱、超高温精炼等影响成品油质量的不利做法，从而保存了成品油中的天然营养。5. 该工艺采用黄曲霉素分离技术，完全去除油品中的黄曲霉素。

鲁花通过对这种技术的解释，给食用油行业下了一个定义，制定了一个标准。同时，把所有的食用油分成了 5S 物理压榨和非 5S 物理压榨两类，让所有的客户不再选择不符合这五个标准的油，抢占了消费者的认知，从而奠定了自己行业龙头老大的地位。

因为工艺是需要倾注时间的，是能够体现出一个产品精良的做工的，所以工艺最大的卖点价值就是能够使产品变成高客单价产品。一个产品只要拥有核心工艺且能够突出产品工艺，一般都能卖出比较高的价格。

案例 42 | 小米 MIX——超越苹果的工艺之作

小米是一家优秀的国产品牌。但纵观 2016 年中国智能手机厂商，败得最惨的当属互联网手机的领头羊小米。2016 年小米副总裁雨果巴拉公开承认小米手机前三季度销量大幅下降。小米董事长雷军更是抛出了"如今销量已经不是小米最关心"的言论。在不到一年的时间里，OPPO、vivo 悄然崛起，并问鼎中国智能手机市场冠亚军，这让竞争对手们尤其是小米饱受争议。唱衰小米的文章在网上不断刊出。2016 年，可以说是小米手机走下神坛的一年。

在业界看来，小米始终缺少能够支撑其立足高端市场的产品。2015 年的小米 Note 系列草草收尾，2016 年的小米 5 和小米 5s 系列也很难称得上高端。2016 年手机市场的增长放缓，但此年发布的新机销量仍然不减反增，因此竞争更加激烈。大多数品牌都有江郎才尽的感觉，虽然新机频发，但普遍缺乏惊喜。

而 2016 年下半年，小米却触底反弹成功，并且一跃跻身国产高端手机领域，新机型曾一度断货，面市即遭疯抢。而这一切的原因，就是小米新一代的手机工艺实在是太精彩了，只有用精彩才能形容这种工艺的颠覆感（图 2-22）。

图 2-22　小米手机的宣传广告

小米在 2016 年下半年扮演了创新者的角色，毫无征兆地推出了屏占比高达 91.3% 以及陶瓷材质机身的小米 MIX 概念手机。

小米 MIX 发布后，一直受到广泛的关注，甚至引起业内一片哗然。比如，消费者拿到小米 MIX 后，竟然吸引了一众同事过来围观，印象中好像也就 iPhone 曾经受到这样的"待遇"。

小米 MIX 已经做出来了，为什么还叫概念手机？这应该与小米 MIX 制造成本过高以及难量产的因素有关。据称小米 MIX 的全陶瓷机身的成本高达 1 300 元，而量产率仅有 5%。因此，小米 MIX 很难在短时间内实现大规模量产，小米 MIX 或许只是验证概念设计可行的产物。小米之所以不惜成本推出小米 MIX，主要是想向外界宣布"小米也有能力做出不一样的产品"，为品牌溢价以及自我创新能力铺路，而小米也再一次靠创新重新崛起。

每一个行业都有自己的产品生产工艺，不管是纯手工的工艺，还是高科技的工艺，都能给产品带来不一样的差异化。

工艺若是整个行业共知的，那么我们就要加入自己的元素，把它变成自己独家的。例如，鱼油都需要过滤提纯，行业皆有之。但是我们可以进行卖点升级，提出低温超滤工艺的鱼油提纯方法，这就是自己独家能够解释的工艺了。你也可以提出分子蒸馏提纯法，这也是自己可以独家解释的工艺。

工艺是很容易成为自己的独家卖点的，一旦这种工艺像鲁花 5S 物理压榨一样成为行业标准，那么这个产品的竞争力就非常强了。

现在请盘点一下你所在行业的所有工艺，这些工艺如何可以变成差异化工艺？

12 功能功效即卖点

从品牌策划的角度来讲，产品基本上分为两大类，一类是功能功效类的产品，一类是风格款式类的产品。再严格一点来分，大抵分成四类：功能功效类、风格款式类、功能功效为主偏款式类、风格展示为主偏功能类。归根结底，产品要找到突破点，总要有一个重点，而功能功效是很多品牌找卖点的核心区域。

功能功效更能反映出一种产品所能产生的意义，也更能被客户感知到它与竞争对手产品的区别。客户非常关心的主要是产品的使用功能和产生的效果。

产品升级通常是通过功能功效的升级来展开的，所以说每一次产品的功能功效升级都可以改变一个行业，甚至重新定义一个品类。

就像从黑白电视到彩色电视，仅仅是彩色这个功能的产生，就导致整个行业发生了翻天覆地的变化。如果一种产品比竞争对手的多一个功能它就会卖得更好；如果一种产品比对手的功能性更强，也会卖得更好；如果一种产品拥有崭新的功能，那它将会比全行业的竞品卖得都好。

所以找出产品有竞争力的功能，哪怕仅仅找出一个功能，甚至同行未注明而你先注明并突出了这个功能，你的产品都会比同行的卖得好很多。

一种产品需要找到一个卖点，这样才可以实现突围，如果一种产品拥有几种卖点，而且这些卖点都是功能性的卖点，那么这种产品就比同行的产品更具有竞争力，因为这是一种多功能的产品。

案例 43 | 八超鞋——八个功能征服无数老人

有一个鞋子品牌叫双星，它主要打造的是老人鞋，而老人穿鞋的要求很高，随着老人年龄越来越大，他们对行走安全性的要求越来越高。经常有新闻报道很多老年人因走路跌倒而受伤，所以说老人鞋与普通鞋的要求不同：它不仅要有普通鞋的基本功能，比如透气、舒服、柔软，而且还必须具有更加耐穿、防滑减震等功能。

而双星就研发了一款八超鞋，所谓的八超鞋就是用八个标准来打造的老人鞋。

第一个标准是耐穿。双星将轮胎技术运用到制鞋当中，使鞋子更加耐穿。

第二个标准是防滑。鞋底采用了耐磨防滑材质，抓地性很好。设计了防滑锯齿，进行了 60° 坡度防滑测试。

第三个标准是减震。鞋底柔软、有弹性，能够充分吸收脚部的冲击力，进而保护足部，穿很久也不会感觉到累脚。

第四个标准是透气。在鞋子上设置了微型窗透气孔，鞋子舒适、排汗快、不闷脚。

第五个标准是轻便。鞋子的重量只有普通鞋的 1/3，走长路也不会感觉到有负担。

第六个标准是软体。鞋子非常柔软，根据老年人脚的特点，鞋前宽、鞋中韧，走路轻松，柔软高帮保护脚踝。

第七个标准是鞋子舒适防撞，防撞圆头保护脚趾磨不着、伤不着，穿上特别舒服。

第八个标准是实惠。价格非常实惠，因为老年人不希望买很贵的鞋子。

满足老人八个功能的八超鞋子，是不是很适合送给父母？

这款鞋明显比同类产品功能多，而且每一个功能都符合客户需求。最重要的是这个品牌用功能给鞋子取了一个新名字——八超鞋。双星八超鞋自然成了很多老年人热爱的一个产品（图 2-23）。

图 2-23 "双星八超鞋"的功能和功效

客户对于产品功能功效的需求不只是一个，其实有些功能并不是客户一定需要的，但是只要有，客户总觉得会比其他的产品更好一点。

案例 44 | 九阳豆浆机——免滤、无渣

在卖点设计上，九阳豆浆机可以说是一个非常出色的品牌，九阳最近又出了一款新的豆浆机，叫免过滤豆浆机（图 2-24）。

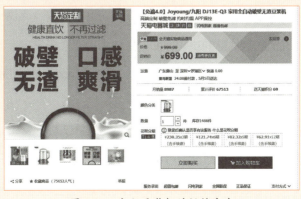

图 2-24 九阳豆浆机的促销广告

很多人在制作豆浆的时候觉得非常麻烦：豆浆机买回去之后要不断地清洗，因为里面会有很多的豆渣，需要清洗很多次才能保持干净，如果不清洗的话，第二天就会有很多的细菌产生。所以说洗豆浆机和清理豆浆机中的杂质，成了很多人特别讨厌的一件事情。

在很多人模仿九阳豆浆机时，九阳豆浆机又增添了一个新的功能——免滤，这是一台无渣、免过滤豆浆机，听起来简直是豆浆人士的一大福音。

想做一杯好的豆浆，技术在于研磨。免滤豆浆机利用石磨原理，彻底改变了豆浆机的研磨方式，豆浆纯化系统利用螺旋浆三叶刀片快速旋转，把豆子吸进超微劲磨器，进行充分研磨。豆浆从方孔中流出的时候进行二次研磨，在双磨作用下实现豆浆的彻底粉碎，使营养成分充分溶到豆浆当中。过滤、免清洗的功能，让九阳豆浆机再次成为行业大爆款。

当然产品功能多并不是一个非常好的现象，因为功能再多，总有同行可以进行模仿和复制，所以产品功能新才能成为比较好的卖点。豆浆机不仅要能制作豆浆，还要能免滤制作豆浆，还要能破壁免过滤榨出豆浆，这就是与同行相比的新功能。

只有找到产品的新功能才能成为新的卖点，才能成为一个超级卖点，超越其他的同行，才能把产品做得更好。如何找到新功能，成了很多人对产品功能研究的一个出发点，这部分内容我们在新卖点的章节里会专门讲到。

功能型卖点是最能被客户认同的卖点，所以很多非功能型的产品也试图把自己包装成具有功能型卖点的产品。即便是衣服也要找出修身免烫的功能，即便是家纺四件套也要说自己有抗菌的功能，即便是浴巾也要说自己有恒温的功能。

风格款式类产品经常靠功能型卖点突围，这也是很多企业突围惯用的方式，以下几个品牌就是如此。

案例 45 | 美尔丽欧——会充电的手机壳

手机壳本身是一个装饰性的产品，客户特别在乎其外观的好看与否。但是经过激烈的竞争，各种各样的手机壳层出不穷，所以说在外观上很难再找到什么差异了。

很多卖家为了把手机壳的设计感做到极致，不惜专门请设计师进行原创设计，实在扛不住对手抄袭就申请外观专利。正在很多卖家在外观上绞尽脑汁的时候，有一个品牌却不在乎外观，靠功能卖点实现了突围。这个品牌叫作美尔丽欧。它是最早一批开始进行手机壳功能化的卖家。它提出了一个崭新的卖点叫作会充电的手机壳。

美尔丽欧第一次将手机壳与移动电源进行融合，手机壳变成了会充电的手机壳。从此消费者只需购买一个手机壳就再也不用购买移动电源了。

这个产品的出现是一个功能性的升级，它既可以进攻移动电源的市场又可以进攻手机壳的市场。

这个产品进攻移动电源的市场，它有一个卖点就是可以当手机壳用，是超薄的移动电源。而进攻手机壳这个市场的时候，它多了一个独特的功能，叫作会充电的手机壳（图2-25）。

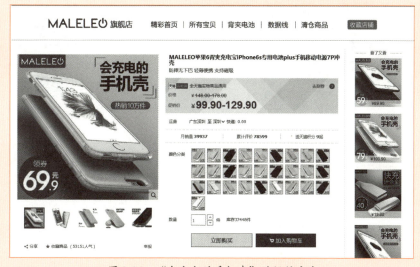

图 2-25 "会充电的手机壳"的促销广告

就是靠这样一个功能性的卖点，这款手机壳不仅以远超行业4倍的价格在销售，更重要的是可以月销售接近4万单。

案例 046 珍视明——会护眼的眼罩

眼罩本身就是白领为了午休买的一个遮光产品，只要能挡住光就行，所以客户对它的需求很简单。很多商家为了争取到午休白领的市场，在外观上下了很大功夫。有些做成了卡通形象，有些做成情侣眼罩，有些做成3D眼罩，总之都是为了戴上让别人觉得好看。

珍视明是做滴眼液出身的，是跨行业进来做眼罩的，所以总能带着新思路。它做出了像面膜一样的功能性眼罩（图2-26）。

图2-26　珍视明护眼眼罩的促销广告

如果每个女人因为爱护脸都敷面膜，那么每个经常对着计算机的白领出于爱护眼睛的需求，就应该有一款眼膜。于是珍视明的一次性面膜式眼罩诞生了。

珍视明给这个眼罩注入了新的功能。首先是一次性的，像面膜一样可以敷在眼睛上，舒缓眼睛疲劳，拥有美眼的功能。其次是中药提纯，越是长期贴敷越是对眼睛好，拥有护眼的功能。最后珍视明还提出蒸汽护眼的理念，拥有蒸汽热敷功能。

珍视明果然把眼罩也当成了眼药水，把眼罩这个以款式为主的产品变成了功能产品。从此珍视明把眼罩当作面膜来卖，而且一点也不比面膜便宜，但每个月热销10万单，直接碾压全行业。

案例 **47** 淳度——可外穿的家居服

家居服行业是一个竞争特别激烈的市场。到底有多激烈，也许你看了行业的价格竞争就会明白（图2-27）。

图 2-27　家居服行业价格战促销广告

家居服作为室内服装，似乎没有女装那么多风格，在外观上更多的是相似的情侣款。除了说自己的款式很好看，面料很好，好像也没有什么其他功能可说。

然而有一个品牌，却开拓了行业的高客单价市场，这个品牌就是淳度。它卖一件睡衣的净利润等同于上述图片中卖 7～10 件的净利润。

淳度是靠什么崛起的？除了产品质量很好以外，更重要的就是淳度提出了睡衣也有新功能——外穿（图2-28)。

图 2-28　淳度品牌的宣传广告

可外穿的睡衣，把室内家居服做出室外女装的时尚感。给家居服赋予这样一个功能，可以瞬间扩大家居服的竞争能力。

可外穿的家居服，既可以进攻服装市场，因为再好的服装也舒适不过家居服。又可以进攻家居服市场，因为它是按照女装的时尚精神设计出来的家居服。这个功能的存在，使得它的市场得以跨界。

即便淳度的售价在 168 元以上，很多客户也会舍弃 29 元这么有性价比的家居服而选择淳度，且品牌忠诚度很高，原因就是淳度是一个有时尚精神的家居服——可外穿的家居服。

"无产品，不功能"是策划界和产品人一直最想体现在产品身上的价值。如果你在卖一种产品，最好给产品找一个卖点；如果找卖点，最好找一个新功能卖点，因为功能功效卖点是直接能让客户付费的卖点。

13 时间即卖点

耗费时间而成就的产品最为珍贵，时间能代表产品的来源，能代表产品的状态，能代表产品的特种属性，所以时间也是策划卖点的最好来源。

国窖 1573 直接就用时间命名，一个名字直接表达了泸州老窖的所有精华。1573 这个时间就代表从明朝万历年间至今的国宝窖池的古老。而如果说我们只用当年的高粱酿酒，坚决不用去年的陈高粱，这就又从另外一个角度升华了产品。一件定制的服装做到 7 天快速出货，就非常受消费者欢迎，因为时间短这个卖点让消费者免去了等待之苦。而 90 天才做一张床，时间长这个卖点也是客户花大价钱去买单的原因。所以时间是神奇的卖点，它能表达古老，也能表达新鲜，它能表达工业速度，也能表达工匠精神，它还可以将产品表达得具有底蕴和精神。

用时间做卖点，是让产品更加情感化的有效方式。这样的例子可以说非常多，而且都很经典。

案例 48 | OPPO：充电 5 分钟，通话 2 小时

OPPO 手机有很多系列，也有很多广告语，但也许在大多数消费者心中记住的是：充电 5 分钟，通话 2 小时。

国内手机市场竞争的激烈程度已无需多言，市场格局一直处于不断地变化当中。但总体而言，有实力的国内厂商始终在挑战苹果、三星的领先地位，特别是在一些细分市场寻找超越的机会。赛诺发布的月度统计数据显示，在 2015 年 8

月，OPPO 成功地超越了苹果、三星、华为等众多强劲对手，领跑国内线下手机市场。

尽管 OPPO 在线下市场的优势已是行业共识，但超越所有国内外品牌在这一领域登顶还是一个让人惊喜的成绩。OPPO 实现大反超得益于 OPPO R7 和 OPPO R7 Plus 的热销，这两款产品就是用了时间这个杀手级卖点："充电 5 分钟，通话 2 小时"（图 2-29）。

图 2-29　OPPO 手机的宣传广告

众所周知，OPPO 的品牌定位是拍照手机，购买者以女性居多。这个时间卖点不仅成为了这两款手机的卖点，也成为了 OPPO 这个品牌的卖点，让 OPPO 的男性用户大幅度激增。因为这个卖点的时间表达，解决了手机行业普遍存在的续航时间不持久的问题。游戏玩家和商务人士特别需要提高手机的续航时长，然而大部分手机却难以做到短时间内进行安全快速充电。

目前快充技术主要由芯片或者电源管理解决方案商提供，如高通的 Quick Charge 技术、联发科 Pump Express 技术、德州仪器 Max Charge 等，但核心技术掌握在国际巨头手里。而 VOOC 闪充则是 OPPO 独家研发的，VOOC 闪充在适配器当中加入了一颗 MCU 智能芯片，从而实现了革命性的开电压环、分段恒流技术。假如把手机比做一辆车，普通充电的油门只有 1.2L，即使踩满油门，也只

第**2**篇 破解卖点密码

能缓慢起步，慢速前进。VOOC 闪充的开电压环将排量提升到 3L 以上，只要轻踩油门，就可以飞速前进。针对这一功能，OPPO 拥有 18 项专利，体现了国内手机厂商的创新实力。

更重要的是，OPPO VOOC 闪充技术不仅提供了一个快速充电器，而且考虑到用户的实际需求场景，OPPO 还推出了 VOOC 闪充移动电源、VOOC 车载闪充等产品，让用户在主要的生活场景中都能无缝享受快充带来的便利。甚至，用户在逛街或者其他情景下，没有携带上述任何周边配件，也可以到遍布全国的 1 560 家 OPPO 体验店去享受免费充电服务。以"充电 5 分钟，通话 2 小时"的效率，其实用户无需刻意改变行程计划，只需要短暂的驻足就能获得充足电量，满足必要的需求。

OPPO 因为这个卖点被大多数消费者所熟知，引得很多同行开始紧追快充技术。魅族后来推出了一款魅蓝 E 系列，打出"充电 5 分钟，何止通话 2 小时"的广告语，也准备在快充上下功夫，但毕竟市场反应还是慢了一步。OPPO 成为了快充领域的领导者，也带动了一大批快充行业周边产品的诞生。

案例 49 | 三棵树：环保就是马上住

2002 年，三棵树在行业不景气的大环境下杀入市场。当时的涂料行业，号称 8 000 多个厂家 10 000 个品牌，一个显著的特点是区域强势品牌多而全国性品牌少。少数一线品牌的主要影响力集中在各类大城市和部分中小城市；而我国众多的二、三线城市则被各类区域品牌所占据。随着日本立邦、英国 ICI，国内的华润、嘉宝莉等品牌的发展及世界十大涂料品牌全面进驻中国市场，中国的涂料行业竞争就变得更加激烈了。

从涂料业代表性品牌已有的卖点定位角度分析，有两种主要的方向。

A. 以立邦为代表的核心价值定位，品牌形象具有整体性，其"处处放光彩"诉求的演绎脉络相对清晰，具有统一性，通过传播积累和资源配置，垄断

91

"色彩"的概念领域，构筑壁垒，让别的品牌难以跟进，形成独具个性的品牌文化。

B. 以 ICI 多乐士为代表的产品卖点定位，如"光滑""易擦洗"等特点，直接而独到。其优势在于在短期内具有较强的穿透力，但弱点是延续性相对较差，易被竞争对手模仿，缺少对品牌核心价值的诉求，品牌定位缺乏深度，对形成旗帜鲜明的品牌形象贡献不大，这种定位方式，比较适合较成熟品牌的阶段性策略。

经过综合衡量，品牌策划方决定往 A 类方向发展。但采用 A 类策略，对涂料品牌策划而言，意味着比 B 类方向更具挑战性！

基于三棵树优秀的品质，如果按照 B 类策略方向，提炼功能诉求相对容易，但问题是，在涂料业中，要恒久保持鲜明的品牌形象，仅靠一两个功能点是不够的（尤其是新品牌），仅专注于一项产品特点难以持久。

但从 A 类方向入手，也存在不少的难点。首先，涂料作为专业性很强的消费品，在品牌信息传达与消费者接受之间存在传播隔层，传播的关注度较低。在消费层面，核心关注的需求领域比较单纯、比较窄，这决定了新的涂料品牌不适合采用保健品之类的策划方法去唤醒或激发消费需求。

综合行业品牌定位与广告创意，首先，摆在面前的是立邦通过大量的传播占据了"色彩"的概念，虽然众多的区域性品牌紧跟其后，在脸上、身上大做眩彩文章，但显然难出其右。

中国涂料业正在全面进入第二代，并向第三代发展，行业的趋势必然是向更人性化、更健康、更贴近自然的方向发展。因此，环保性正在受到越来越多消费者以及涂料品牌的关注。许多品牌包括立邦等也都把环保性作为其卖点之一。但是，透视整个行业，各品牌的环保诉求都只停留在冰冷生硬的口号层面，仅停留在这个层面是不够的。经过进一步深入的研究，几乎所有品牌都未将涂料的环保性与人文关怀有效结合，并形成有效的认知——这才是关键点！

因此，三棵树的卖点既要强调产品的环保特性，又要突出三棵树健康漆的内在品质，并且与家居生活息息相关，同时具有一定的前瞻性。于是，三棵树品牌定位的轮廓已经渐渐清晰：“三棵树是高品质、环保型涂料的代表，三棵树意味着出色的涂装效果，意味着充满生趣的、清新健康的生活，三棵树是最具人文关怀的涂料品牌！”因此，“三棵树，马上住”的广告语就这样诞生了。三棵树的董事长洪杰说，“三棵树，马上住”这个宣传口号是他本人提出的，蕴含了道家的思想。道生一，一生二，二生三，三生万物，三代表多数，代表一片森林，代表大自然，代表绿色环保（图2-30）。

图 2-30　三棵树涂料的宣传语

同样是用时间做了卖点，“三棵树，马上住”用短的时间感表达了油漆真正的环保，装修完之后可以马上住。时间的表达让环保这种虚拟的概念瞬间落地生根，植入客户心中。

案例 50 | “钱大妈”：不卖隔夜肉菜

通常情况下，居民买菜通常有两个去处：传统菜市场或是大型超市的生鲜区域。大型超市的生鲜常以低价吸引客流，缺乏新鲜度；而传统菜市场缺乏效率，环境卫生也堪忧。更关键的是，这两者距离顾客都不近。

在当前越来越注重食品安全、健康的背景下，需要一个介于超市和菜市场之间的机构或社会组织，为市民提供放心的生鲜食品。

在这种情况下，打着"不卖隔夜肉菜"的口号，坚持要做让消费者放心的生鲜的"钱大妈"，应运而生。当日未售完的生鲜次日再销售，这在国内是一种常见现象。而"钱大妈"要求所有新鲜肉菜产品均在当天销售完毕，决不隔夜销售。

公司的采购有着最严格的管理体系，所销售的猪肉都做到无瘦肉精、无激素、无药物残留、无病死猪肉、无注水肉、无超标重金属。顾客吃着好吃并且放心，这才是"钱大妈"的最终目标。另外，"钱大妈"格外注重所售猪肉的新鲜程度，为了将这一理念传达出去，在店的外观上，除了最显眼的"钱大妈"三个字，就是用"不卖隔夜肉"的口号了（图2-31）。

宁愿白送，绝不过夜。

蔬菜肉类都是当天运送过来的。为保证"不卖隔夜肉"的承诺，每天19点时，全场商品打九折；19点30分时，全场商品打八折；20点时，全场商品打七折……以此类推，到了23点30分，全场商品免费派送。

"钱大妈"的一位员工说道："按规定，每天23点30分全场商品免费送。但是通常不会出现这种情况。我们会根据前一天的销售数据安排当天出售的肉菜数量，再辅以晚间优惠促销活动，每天21点左右货架基本就空了。"

图2-31 "钱大妈"的宣传口号

通过这样的举措，"钱大妈"的每个连锁店都可以做到每天清货，并以一种高调的方式，证明了"钱大妈"每天出售的肉菜都为新鲜的、当天生产的。虽然会付出了一定的成本，但是相较于所获得的品牌效应来说，实在是事半功倍。

"钱大妈"品牌一经建立，便迅速占领了珠三角地区，成为了目前珠三角地区较大的生鲜肉菜专卖店集群。截至 2015 年 9 月，"钱大妈"品牌已经在广州、深圳、东莞等地建立起将近 100 多家专卖店，为数百个社区居民供应新鲜菜品。

案例 51 | 厨邦酱油：晒足 180 天

海天酱油的市场占有率一直很高，直到后来厨邦酱油的出现，厨邦酱油迅速壮大并发展到可以与海天酱油相抗衡。

原来厨邦酱油卖得也是不温不火，后来一路逆袭，迅速做大。这都得益于厨邦酱油找到了自己差异化的卖点，而这个卖点也是一个时间卖点——晒足 180 天，有图有真相（图 2-32）。

图 2-32　厨邦酱油的促销广告

厨邦拥有规模宏大的中山沿江大晒场和阳西依山大晒场，位于北回归线以南的岭南地区。独特的亚热带晒场，其日照时间长，温湿度适宜，是传统南派酱油酿造的核心区域。厨邦为了区别于工业酱油，只采用日晒，在这里"晒足180天"的酱油才是真正天然美味的好酱油。

厨邦酱油凭借"天然晒制天然鲜"的卖点崛起，在2010年至2014年期间，厨邦的销售额增加了1.2倍，而同期海天酱油的销售额仅增加不到60%。天然晒制不如晒足180天，当晒足180天之后，厨邦再也不是一般的厨邦了，而是成为了高端酱油品牌。

案例 52 | 阿芙精油：懂时间的鲜花精油

阿芙精油的品牌策划案可以说把时间即卖点表达得淋漓尽致。

阿芙精油为了做出一瓶好的精油，只采用当年最新鲜的鲜花。为了采用当年最新鲜的鲜花，阿芙精油不与普通的鲜花供应商合作，它在全球进行契约种植，与一个产地、气候、日照量、降水量等都特别适合种植某种鲜花的庄园签约种植。阿芙大部分原料都是在阿芙指定的产区当年采摘的鲜花花材，所以它的每一朵鲜花都是通过契约种植而产出的（图2-33）。

图 2-33　阿芙精油的宣传广告

阿芙精油提出得花材者得天下。从每年5月起，每天黎明破晓时分它玫瑰庄园的花农就要争分夺秒，开始采摘带着露水的玫瑰。随着太阳的升起，气温逐渐变热，精油会随之挥发，所以花农一定要保证九点前完成采摘，采摘的时候必须采摘花苞而不是花瓣，并在 12 小时内将花朵送入蒸锅。清晨还是沐浴在晨露下的一朵鲜花，在当夜幕降临时已经变成了阿芙精油。每一瓶精油都经历了与环境和时间的赛跑，方能呈现在精油爱好者面前。

每一种鲜花都有规定的时间，必须在合适的时间内才能进行采摘，而且是定量采摘。一亩地一个工人只能采摘3塑料袋。正是因为阿芙精油这么苛刻的要求，用时间来成就一款好的精油产品，才成为了互联网品牌中的奇迹，它一直走高价路线，令无数个低价精油品牌都无法撼动其市场地位。

案例 53 | 美人符：45 天保质期的沐浴露

沐浴露这个行业可以说是一个垄断行业，宝洁旗下的诸多品牌都在做沐浴露，而且个个都很强势，都有独特的卖点和强大的品牌背书，所以说这个行业非常难做。如果是一个不知名的品牌，在这个行业想崭露头角是非常困难的。

美人符抱着做懂身体的沐浴露这个目标进入了这个行业。一般来讲，沐浴露都是用来清洁的，很少上升到护肤的理念，很多人只是重视自己3%的脸部而在97%的身体上却并没有花很多的钱，而美人符试图做的是一款具有护肤功能的沐浴露，它可以让我们的身体变得更白。于是美人符用原液代替了皂基，精油代替了香精，鲜花代替了色素，一款真正懂身体的沐浴露就这样诞生了。因为美人符生产的沐浴露是没有任何化学添加成分的，它倡导要使用鲜花制造，真正能够用花香和花的精华进行护肤。所以美人符的每一瓶沐浴露都是小瓶装，开盖后必须45 天用完，如果 45 天没用完，必须丢掉。

每个客户在拿到美人符做的沐浴露时，都似乎感觉瓶子里的花还在生长，而45 天的保质期也成了很多客户选择美人符的重要原因。因为 45 天给客户的感觉就是鲜花很新鲜，而且鲜花正如它的花期一样，正慢慢地在瓶中绽放（图 2-34）。

美人符作为一个互联网品牌，没有任何线下的基础，却在网上创造了奇迹，已经累积了 157 万多位客户成为它的忠实粉丝。

图 2-34　美人符沐浴露的推广广告

案例 54 | 美素佳儿：皇家第一道奶源

　　随着我国二胎政策的全面落地，奶粉市场，尤其是超高端奶粉的竞争更加激烈。为了赢得妈妈们的信赖，不少奶粉品牌纷纷主打"奶源"牌。然而，即使进口奶源，也是千差万别。皇家美素佳儿独辟蹊径，首次在业界提出"皇家第一道奶源"的理念，将全脂鲜奶中的天然营养精华完美保留给下一代，引领奶源科技迈入全新 4.0 时代（图 2-35）。

图 2-35　皇家美素佳儿品牌的广告

荷兰皇家菲仕兰是荷兰唯一一家拥有皇家称号的乳品企业，荷兰1/3的地区为牧场，其中80%的牧场为皇家菲仕兰公司的自家牧场。当地的气候属于温带海洋性气候，更适宜牧草生长，因此牧草生长茂盛，草地面积大，牧场内河流纵横，是放养奶牛的天然宝地。因为是自家奶厂，虽世代传承，但仍遵循自然之道，将人类的饮水标准应用于奶牛，像喂养自己的孩子一样喂养每头奶牛，奶牛喂养者必须经过五年以上的农牧业专业教育，有些甚至还取得了荷兰的硕士学位，他们都有熟练的养殖技术和丰富的养殖经验，从源头上掌握皇家美素佳儿奶粉的奶源质量，确保每一滴原奶都是精华。喂养奶牛的食物必须是优质的黑麦草，遵循欧盟标准，不加任何激素，每一滴原奶均属天然。奶农们保证奶牛每天六小时的放牧时间，每年不少于120天。在奶源地的把控上，美素佳儿可以说是不遗余力的。

皇家美素佳儿奶粉采用皇家菲仕兰的独创科技，全程4度冷链运输，1.5小时内从牧场新鲜直达工厂，新鲜直取皇家第一道奶源，从鲜奶到罐装一次性完成，液态奶源一次性成粉，减少奶粉因多次干燥而产生的营养流失，荣获多项欧盟权威认证。全程追踪牛奶质量，每一批鲜奶都经多重科学检测，层层把关。

皇家第一道奶源，这个第一就直接确立了美素佳儿在奶源地上的地位，并且把第一道奶源称之为比较优质的、全营养的奶源，也使更多的消费者选择这个品牌。

案例 55 | 内外：这件内衣睡觉也能穿

内衣从诞生到现在不到100年的时间，进入国内市场仅30年。国内市场中充斥着中低端品牌，而传统高端品牌仅占据市场份额的10%。花哨、厚重、一味追求聚拢效果且同质化严重的传统内衣品牌，渐渐难以满足新消费群体的需求。

很多女性回家的第一件事情就是脱掉内衣，摆脱有钢圈的束缚感，而无钢圈的流行为女性提供了一种新选择。数据显示，无钢圈的增速是有钢圈内衣的4倍，每年增速超过30%。无钢圈作为NEIWAI的核心产品，借助面料自身的弹性和创新仿钢圈结构代替钢圈的作用，占到其整体销售的70%，内裤、运动系列和家居服各占10%。

但问题在于，市面上并不缺乏内衣品牌，但为什么我们常常找不到合适的内衣呢？有人认为，背后的原因是大部分公司在用快时尚的方式做内衣。很多大品牌每年要出成百上千的新款，许多款型并不一定完全能适合个体。

外衣可能骗过眼睛，但内衣不可能骗过身体，内外用颠覆者的思维进入内衣行业，做一种完全感觉不到压迫的极致舒适的内衣成为了它的目标。

对于内外来说，极致的舒适等同于穿着连体感，这也是内外产品的差异所在和它所秉持的内衣美学。春夏季推出的零过敏日常无钢圈系列，采用的是防过敏的棉质材质和创新的半码体系，8月推出的最新运动全系列产品，适合女性运动穿搭。内外始终致力于设计出最舒适的无钢圈内衣产品，让越来越多的中国女性因为内外而活得更加自在、自信（图2-36）。

图2-36　内外内衣品牌的宣传广告

越是传统的行业就越有创新的机会，内外从钢圈文胸的细分市场入手，从面料设计、工艺、版型、结构等全方位视角探索审美和功能创新的可能。四年来，该品牌已经累积10万多中高端的用户。她们中的大多数已经形成了每三个月复购内外产品的消费习惯，年内复购率高达40%。内外产品的舒适度对于很多女性来说有着不可替代性，穿过内外女性内衣的人，再也无法穿其他品牌的内衣。

内外被称为内衣中的优衣库，因为内外从来不追求款式的数量，而追求每一款都能成为经典款。内外在产品的控制上下了很多的功夫，它们有严格的产品淘汰机制，当一款产品无法达到销售预期时，便不会再进入下一次生产。内外现在有70个产品，30个无钢圈文胸占了70%的销量，经典款一个月销量可以达到5 000 ～ 6 000件。内外坚持做慢内衣，用较多的时间做少量的款式；坚持做好内衣，让内衣舒适到晚上也能穿，穿了就不愿意脱下来。

舒适度是每一个内衣品牌都强调的卖点，而内外与众不同的地方在于它强调的舒适是零感觉的舒适，可以做到晚上也能穿，用做家居服的态度来做内衣，做一件舒适懂身体的内衣才是一个较突出的差异点。晚上这个特定的时间是不穿内衣的，因为晚上是用来解放乳房的，如果是在晚上也能穿，穿了就不愿意脱下来的内衣，一定是舒服到极致的内衣。

正因为如此，内外在2016年"双11"当天销量比平常超过九倍，加购金额超过1 200万元，2016年出来的最新款零敏玲珑单品销量在天猫同价位产品中跃居第三位，仅次于优衣库和曼尼芬。到现在为止，内外已经拿到了两家风投的投资。

时间即卖点，时间能激活产品的生命，时间能赋予产品新的属性，甚至时间可以创造新的品类。例如，睡眠面膜就是专门为夜间而研制的。无数个品牌在打时间牌：第九城做终身保修的拉杆箱，所以成为了行业的领导品牌；顺丰以快制胜，所以成为了快递行业的老大；优信二手车喊出"人生没有回头路，二手车有""30天包退，1年保修"，优信虽然没有其他二手车平台建立得早，错过了最佳风口期，但是时间上的差异化使它迅速崛起，在客户心中成为了更加值得信赖的品牌。

14 数字即卖点

最好的卖点是用数字表达的最直观的卖点，从营销的效果上来看，给客户写1 000 个字，不如给客户展示一张图片，给客户看 1 000 张图片，不如告诉客户一个数字，所以数字是能够被客户感知到的简单、直接差异。这是因为数字简单易懂，容易记忆，而且易于传播。

还有很多品牌直接用数字作为自己的品牌名，例如一号店、三只松鼠、三棵树、香奈儿 N°5 香水、555 香烟、58 同城、六个核桃、七喜、七天酒店、711 便利店、九毛九、999 感冒灵、九朵玫瑰、72 街、92° 咖啡、好百年、百度、百威啤酒、百事可乐、百雀羚、2345 看图王、163 邮箱、360 网站、361° 运动品牌、千色店、万科、万达……类似的企业还有很多。

用数字当卖点，顾客直接知道这个数字在表达什么。数字可以代表经纬度，可以代表度量，可以代表温度，可以代表程度，备用数字可以从多个角度来阐述一个产品。乐百氏 27 层净化这个概念，创造了一个与众不同的矿泉水品牌。27 这个数字在这里代表的就是一种程度，强调水的净化之严格和消费者的信任感。家具品牌卫斯理是一个后起之秀，产品单价在 8 000 元到 1 万元。这么高的客单价在互联网上年销售额能够过亿，这也源于它有充分的高端包装。比如，它的沙发就打出了一个概念，叫五头牛只做一套沙发。通过这句话，我们可以看出，这套沙发的高端做工。这个数字还充分显示出沙发的珍贵性：五头牛仅等于 1 套沙发。正如王品的一头牛仅供六客这个理念，也能充分显出自己牛排的与众不同。

用数当作自己核心卖点的品牌的策划案例有很多。

案例56 | 禄鼎记：油，我们只用一次

禄鼎记是一个广州本土的火锅品牌，一个广州人做的四川火锅，非常有个性，而且这个品牌做得非常成功，每天都有很多人在排队，店内经常满座，想吃它的酸菜鱼要排队等上3个小时。

为什么一个广州人做的四川火锅能够卖得比四川人做的四川火锅还要红火呢？原因竟是因为很多人知道，火锅的油会用很多次，尤其是四川老火锅的油可能会用几十次，而禄鼎记打破的就是这个传统。禄鼎记针对四川老火锅的油用很多次的传统习惯，打出了一个新概念：油，我们只用一次（图2-37）。

图2-37 禄鼎记的推广口号

食品安全大于天，在地沟油横行的今天，禄鼎记打出这个概念，完全符合消费者的心理需求。"油，我们只用一次"的口号深刻地印记在了不少吃货的心中。为了吃到招牌的"酸菜鱼"，顾客可以排队3个小时，三年来一直如此，如今禄鼎记生意越做越好，分店到处开花。

案例57 | "太二"：只做宇宙第二好吃的酸菜鱼

"太二"，这个品牌名字也带着数字。"太二"名字的由来是因为老板将全部精力放在所研究的产品上，而忽略其他事，因此经常被顾客笑称"太二"。而

"太二"要做宇宙第二好吃的酸菜鱼，这个定位和品牌名相得益彰，也有个数字"二"，这个数字让客户联想到谁是第一？发现没有人说自己是第一，而且"第一"的提法违反广告法，那么顾客肯定会认为宇宙第二是最好的（图2-38）。

图2-38 "太二"品牌的宣传语

产品就是"太二"的信仰。与其他菜馆不同，"太二"的主打菜式永远都是以酸菜鱼为核心。目前，主打菜式有老坛酸菜鱼和填脑豆花酸菜鱼。酸菜鱼的鱼肉采用手打的鲈鱼片，鱼片厚度精准至2毫米，以确保肉质弹韧爽滑。食客点餐的时候，可以选一条鱼、两条鱼或者三条鱼的分量。如此专一，只源于"太二"对产品的坚守和专注。

另外，"太二"还宣称："我们的酸菜比鱼好吃。"不过，这也有其道理可言。"太二"的酸菜必须腌足35天，还原重庆当地地窖特征，并选天然的好泉水制作盐水。这样的酸菜口感脆爽、酸味达标，且带有乳酸味。

或许，你会觉得"太二"每天只卖100条鱼的这条规定是一种饥饿营销，又或者是故意吊顾客胃口。其实，"太二"是在阐述：产品信仰才是一切的原点。什么叫产品好？在"太二"的定义中，产品好有两点：一是鱼本身好；二是客人吃鱼的体验好，两点结合就构成了产品好。对此，"太二"酸菜鱼联合创始人徐伊伦认为，每天售卖100条鱼，上午50条，下午50条，最终的目的是为了保证产品的质量。而100这个数字也让客户感觉到酸菜鱼的珍贵。

"太二"还用数字对客户做出了限定：不接待4人以上的客户。超过4人就餐就恕不接待，这也让很多人抱怨这家店"太二"，但还是有许多人抱怨了之后会再来。

至于菜品的创新，徐伊伦表示，未来"太二"将会通过选材、辣度、吃法等制作更多适合不同人群的酸菜鱼。

案例 **58** 简爱酸奶：只含 3 种原料的裸酸奶，其他没了

酸奶是中国乳业近几年增长最快的品类。据市场咨询公司英敏特的报告显示：2009 ~ 2014 年，酸奶市场总销售量实现翻倍，增长 111%，零售额的增速则更加迅猛。

英敏特高级研究分析师顾菁分析称："中国消费者越发崇尚健康的饮食，酸奶迎合了消费者对零食日益增长的需求，因此推高了酸奶的消费量"。与欧洲人年均 20 千克的酸奶消费量相比，2013 年中国酸奶人年均消费量仅 1.8 千克，市场潜力巨大，这种迅猛增势将在未来持续很长一段时间。

纯净的酸奶，意味着更加健康和更加安全，这也是很多已觉醒的消费者所追求的。这片蓝海成了夏海通创业的起点，"简爱酸奶"就是这样被创造出来，进而推向市场的。它与其他品牌最大的不同在于："配料除了鲜奶乳酸菌和低糖，其他没了"以及"LGG 益生菌"。

简爱做酸奶对原料的要求比较高。含有抗生素的牛奶是无法做成酸奶的，其中的原因很简单：乳酸菌都被抗生素灭掉了。

简爱认为"少即是多"。好酸奶就是："裸酸奶 = 100% 的好鲜奶 + 优质益生菌 + 极简的配方，其他没了。"简爱以这样极致的原则要求自己，只是用心将酸奶做回了它最初的样子（图 2-39）。

简爱总结：100% 鲜奶发酵的酸奶 = 鲜奶 - 乳糖 + 益生菌 + 更易吸收蛋白 + 更易吸收的钙。简爱拒绝复原乳，拒绝异地奶源；简爱认为，只有 24 小时内灌装的本地鲜奶才能保证最高的营养和最纯的味道，才能用来发酵酸奶。所以简爱拒绝奶粉，拒绝异地奶。

图 2-39　简爱做酸奶的原则

简爱创始人说："给自己及家人喝的酸奶，最好只有鲜奶和乳酸菌，再加上一点点糖，其他就没了，其实就是纯净。"

案例 59 | 美的空调：一晚 1 度电

在炎热的夏季，空调无疑是消费者家里的"用电大户"，节能也就成为了消费者选购空调的重要指标之一。然而纯粹说自己是节能空调毫无意义，因为很多品牌的空调都说自己节能省电，但一直没有分出个子丑寅卯，直到美的用数字当卖点来讲节能，把节能讲得更加具体（图 2-40）。

图 2-40　美的空调的广告语

美的空调打出"一晚1度电"的广告语，自然引来无数目光。各大电视台和家电卖场里的广告甚至让人看到"一晚1度电"就想到美的空调。同样，看到美的空调就想起"一晚1度电"。

一晚1度电是美的"新节能"系列空调具备的超级节能效果。在使用过程中，消费者只需按下遥控器上面的"ECO"键，空调就进入ECO节能运行模式，即可在夜晚8小时睡眠周期内的制冷耗电量最低仅需1度电。

当然把数字当作卖点也有不好的方面：太具体。所以卖点数字必须真实存在，美的一晚1度电出来后，被对手狂撕，在网上一通热议，但是丝毫没有挡住美的一晚1度电的市场竞争力。

案例 60 | 玺承咨询：电商界的一对一黄埔军校

玺承咨询是电商咨询培训界的行业老大，作为后期进入电商培训市场的品牌，它一路横扫，迅速在华东、华南、华中成立分公司，完成全国布局。

玺承咨询被电商企业称为收费最贵的培训机构。玺承在行业中第一次提出一对一的小黑屋概念，即一个电商企业配一位电商老师，将其关在封闭的"小黑屋"内，电商老师对企业进行诊断，写出一套适合企业的经营方案。

这套教学模式一出来迅速引起巨大反响。玺承连续4年培养出196个行业排名靠前的卖家。在灯饰行业、家具行业、内衣行业、牛仔女款行业、计算机3C行业、女装行业、打底裤品类、中老年服装品类、童装品类、挂钟品类、汽车品类等，排名靠前的卖家有一半是玺承咨询的学员（图2-41）。

玺承咨询为了效果培训，坚持一对一辅导。玺承坚信只有一对一辅导才能有效果，只有一对一才能了解学员的实际情况，对症下药。传统的听一堂培训课就能把企业做好的培训是很难做到解决学员的实际问题的，所以必须量身定制地解决学员的问题。

图 2-41　玺承咨询的网页

尽管玺承咨询收费极其昂贵，但是每期学员都爆满。玺承坚持老板不来听课给多少钱也不收，不赚没有效果的钱。玺承咨询从来不做任何广告推广，但是全国优秀的电商企业基本上都知道它的存在。

案例 61 | 董酒：国密董酒，富含 52 种萜烯类物质

中国白酒产业在进入深度调整期后，消费者的需求已经更新，从以往的"面子需求"转换到了今天的"健康需求"。消费者在进行消费行为时，理性因素已经超过感性因素。换言之，企业的核心已经从营销转向产品，产品的品质和质量是企业的制胜关键。

说起董酒，估计很多 80 后群体可能并不知道，至少在互联网年轻消费群体当中，董酒并不知名。董酒是老八大品牌之一。

2015 年 1 月 7 日零时，为期三天的董酒天猫官方旗舰店"全国人民大品鉴国密品质大比拼"的活动正式拉开帷幕。一组数据在不断地刷新中：凌晨的第一个 1 小时成交超过 5 000 瓶，上午 10 点成交接近 10 000 瓶……截至 15 点 30 分，

销售额已经突破 260 万，雄踞天猫酒类榜首。

董酒的第二春不仅来自于客户对健康饮酒的需求，更来自于董酒区别其他酒的一个数字：52。

董酒富含 52 种萜烯类物质，这个卖点让董酒在互联网时代再次爆发，52 种萜烯类物质具体表达了白酒的营养，是任何其他白酒无法复制的核心竞争力（图2-42）。

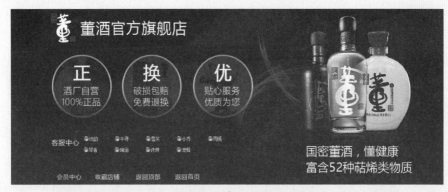

图 2-42　董酒的网页

萜烯简称萜，是一系列萜类化合物的总称，是分子式为异戊二烯整数倍的烯烃类化合物。萜烯类化合物广泛存在于植物中，特别是中草药中。以异戊二烯为结构单位倍数的烃类及其含氧衍生物包括单萜烯类、倍半萜烯类以及二萜烯类化合物等，具有重要的生理活性，是研究天然产物和开发新药的重要来源。萜烯类化合物是一种天然化合物，是植物精油的主要组成部分，其具有抗菌活性、抗病毒活性、抗氧化活性、镇痛活性、助消化活性、抗癌活性等功效。根据近年来的研究，萜烯类化合物除了在植物中大量存在外，在海洋生物体内也提取出了大量的萜类化合物。据统计，目前已知的萜类化合物的总数超过 22 000 种。

董酒富含 52 种萜烯类物质的原因主要有两个：一是采用纯粮固态发酵工艺，二是采用百草入曲的国密配方。固态纯粮发酵是因为微生物发酵过程的代谢体系富集，使传统白酒酒体中含有丰富的风味成分和萜烯类生物活性成分，而高温蒸馏工艺使得风味成分与萜烯类生物活性成分更加纯化。董酒的百草入曲采用大曲和小曲两种工艺，制取大曲用 40 多种本草，制取小曲用 90 多种本草。董酒百草入曲的酿酒配方，在成曲过程中滋养了大量有益微生物，抑制了对酿造不利的微生物，并衍生出许多能够强身健体的化合物和陈香物质。入曲的 130 多种本草经历漫长的酿酒工艺过程，本草中含有的萜烯类物质在微生物的作用下融入酒体中。在酒体中，这些萜烯类化合物不但具有缓解酒精伤害、调节生理节奏、预防疾病以及促进康复的功效，而且还具有呈香或呈味的作用（图 2-43）。

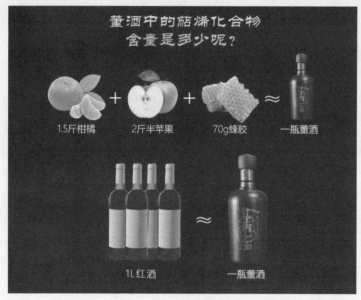

图 2-43　董酒的营养成分

一瓶董酒因为富含 52 种萜烯类物质，其营养等于 750 克柑橘 +1.25 千克苹果 +70 克蜂胶。营养和健康如果没有数字会显得很虚很空，只有变成数字，卖点才具备杀伤力。

数字更加具体，更加真实，给客户的感觉更加清晰。可以说，用数字做卖点，可以清晰地表达一个产品的特有属性。

小肥羊到底是怎样的一种羊，我们并不知道，而 180 天的羔羊肉，这个概念让我们瞬间明白，原来小肥羊的标准就是 180 天的羔羊肉。厨邦说自己是经过晒制的天然酱油，那么到底晒制多久？我们并没有什么概念，而晒足 180 天这个数字清晰地表达出，晒的时间的长短决定了酱油的口感好坏和新鲜度。把抽象的东西具体化，这就是很多商家喜欢用数字当品牌名，喜欢用数字当卖点的原因，因为数字通俗易懂。

15 地域即卖点

地域包含的内容很广，包括地点、地名、地形、地貌、地域气候、地域文化、地域特质等多种因素。地域向来都是表现产品出身的最好卖点。正所谓根红苗正，出身决定地位。在地域上找卖点是策划产品独家卖点的好方法，因为地域具备不可复制性和唯一性。千百年来，人们习惯在产品前加上产地名，如阳澄湖大闸蟹、良乡板栗、西湖龙井、宁夏枸杞、文山三七、青海虫草等。不是西湖产的茶叶就不能叫龙井，不是宁夏的枸杞就没那么好，实际上，这些地名的背后承载了消费者对上述产地个性化的地域特征的记忆及对此地出产产品的优良品质的高度认可。

地域即卖点，且是难以被同行复制的卖点。从一瓶矿泉水就能体现出大品牌在地域"战争"中竞争的激烈程度。

案例 62 | 农夫山泉：源自山泉的水

农夫山泉说自己只在深山密林中生产水，拥有全国四大天然水源地。

农夫山泉坚持水源地建厂，水源地生产。每一瓶农夫山泉都清晰地标注水源地，确保消费者的知情权。农夫山泉坚持在远离都市的深山密林中建立生产基地，每一瓶水的全部生产过程在水源地完成。消费者喝的每一瓶农夫山泉，都经过了漫长的运输路线，都来自大自然。目前，农夫山泉占据四大优质的天然饮用水源——浙江千岛湖、吉林长白山、湖北丹江口、广东万绿湖。

63 | **巴马活泉：源自长寿之乡的水**

巴马活泉说自己是世界长寿之乡的水，长寿之乡的人都是喝这些水生活的。

发源于世界长寿之乡的巴马活泉，在数亿年的喀斯特地层中形成，创造了四次进入地下潜行，又四次流出地表的自然奇观。其独特的水流过程使之富含各种有益于人体的矿物质和微量元素。巴马活泉对肌肤具有舒缓、镇静作用，能缓解肌肤泛红、紧绷、干燥、灼热等敏感状况。受 0.45～0.5 高斯的强地磁场影响，巴马活泉的水分子被切割成仅为 0.5 纳米的小分子结构，一接触皮肤就能迅速渗入皮肤表层，直达有棘层和基底层。国际自然医学会通过 7 年的研究表明：巴马活泉可滋泉独有的珍稀天然小分子团水，能够进入细胞核和DNA，活化细胞酶组织，激发生命活力。长期饮用巴马活泉，对人的身体具有显著的抗衰老作用，是世界罕见的健康之水、生命之水。故此，巴马的百岁长寿老人比例位居世界之首。

64 | **5100：源自高原冰川的水**

5100 说自己是 5100 米海拔高原冰川矿泉水。

5100 来自西藏念青唐古拉山脉，海拔 5100 米的原始冰川水源地，含有锂、锶、偏硅酸等丰富的矿物质和微量元素，其矿物质和微量元素含量达到天然矿泉水的中国新国标和欧盟标准。5100 冰川矿泉水纯净清澈，口味纯正，是优质复合型矿泉水。西藏 5100 冰川矿泉水公司的水源地位于西藏拉萨市当雄县公堂乡冲嘎村，青藏高原念青唐古拉山脉南麓，当雄断陷盆地北侧，海拔 5100 米处。矿泉水蕴藏在一条近南北走向的"V"字形构造峡谷中。经科学考察，此处泉水是西藏高原区域性活动断裂带的产物，是岩浆侵入与地热活动双重控制作用下的水热活动伴生物。由大气降水及高山冰雪融水作为远程补给，补给高度 5000 米以上，经地下多年深层循环后，携带丰富的有益矿物质和微量元素。沿断裂上升露出，形成了珍贵的世界级高端品质河寨山矿泉水。该水源地允许开采量为每日三千立方米以上，属于超大型冰川矿泉水水源。

案例 65 | 恒大冰泉：源自长白山的深层矿泉

恒大冰泉建立之初坚持做国产矿泉水品牌当中的高端品牌，也是在地域上做文章。

恒大冰泉水源地为吉林省长白山深层矿泉，与欧洲阿尔卑斯山、俄罗斯高加索山一并被公认为世界三大黄金水源地。长白山深层矿泉，是经过地下千年深层火山岩磨砺，百年循环、吸附、溶滤而成的，属火山岩冷泉。水温常年保持在 6 ～ 8℃，水质中的矿物成分及含量相对稳定，水质纯净、零污染，口感温顺清爽。恒大冰泉经世界权威鉴定机构——德国 Fresenius 检测，鉴定结论为：口感和质量与世界著名品牌矿泉水相近，部分指标甚至更优。

案例 66 | 依云天然矿泉水：水中贵族

依云天然矿泉水是水中贵族，据说经常喝依云天然矿泉水，人的皮肤能变好，可以说依云天然矿泉水是水中的"化妆品"。

依云天然矿泉水的水源地为法国依云小镇，背靠阿尔卑斯山，面临莱芒湖，远离任何污染和人为接触。该水源地经过了长达 15 年的天然过滤和冰川砂层的矿化，这漫长的自然过滤过程为依云矿泉水注入了天然、均衡、纯净的矿物质成分，这些成分适合人体需求，是安全健康的。依云天然矿泉水在水源地直接装瓶，过程中无人体接触、无化学处理，其水源地每天进行 300 多次水质检查，水质安全可靠。在欧洲，依云已成为怀孕和哺乳期妈妈的信赖之选。自 1789 年依云水源地被发现以来，依云天然矿泉水已远销全球 140 个国家和地区。

每一个地域都有自己独特的优势，一方水土养一方人，一方水土也能产出有特殊地域性的产品。地域按地形分为高原、平原、山地、丘陵等，这些皆可成为特色卖点；地域的气候、人文、山水资源，也可成为卖点，以地域特色作为策划点的品牌不在少数。

案例 **67** | 小太阳：悬崖上的野生铁皮石斛

铁皮枫斗又称铁皮石斛，它是一种名贵的中药材，是多年生草本植物，茎丛生，圆柱形，高10厘米～30厘米，粗3毫米～8毫米，在民间，被誉为"救命仙草"，是药界的"大熊猫"。新鲜铁皮石斛不宜保存，汁多鲜嫩，容易腐烂变质。在梅雨季节，铁皮石斛的保存难度更大，因此，在大多数中药店和医院药房中很少配有鲜类药材。铁皮石斛加工后的干品称为铁皮枫斗，其药效成分主要是石斛多糖、石斛碱和总氨基酸。铁皮枫斗能提高人体免疫能力，增强记忆力，补五脏虚劳，抗衰老，抑制肿瘤，改善糖尿病症状，抗缺氧，对放化疗以及夜生活、烟酒过度者有显著效果。

因为铁皮石斛比较名贵，所以市场上很难买到真的野生铁皮石斛。市场上的铁皮石斛几乎都是大棚种植的，树上的都很少。还有一些不良商家用纸皮甚至马鞭石斛冒充铁皮石斛来卖。这是一个暴利的行业，市场上鱼龙混杂，不是大品牌，想在这个行业做下来很难。

小太阳是互联网上的一个淘宝店，并不是天猫旗舰店，而且也不算是什么大品牌，这家店的特色就在于出售在丹霞铁皮石斛的主产区福建泰宁悬崖上采集的铁皮石斛。岩崖上的野生铁皮石斛是历代的宫廷贡品，产量稀少，被誉为救命仙草。包雪声教授曾经说过："如果这个世界上确实有什么仙草的话，那这种仙草应属生长在悬崖上的铁皮石斛。"

小太阳的铁皮石斛，采用濒临灭绝的野生种源，悬崖放养的种植方式，正是因为生长在悬崖上，能够吸取大自然的风雪雨露，历经大自然的锤炼，所以富含很多有益因子，特别名贵（图2-44）。

"悬崖"这个地域卖点，将小太阳出售的产品与种植的铁皮石斛和假冒的铁皮石斛区别开来。小太阳虽没有什么品牌背景，但仅靠"悬崖"这个地域卖点，就可以做得风生水起。

图 2-44　小太阳铁皮石斛的宣传广告

案例 68 | 崇明岛：不是所有的大米都叫岛米

　　"崇明岛"是大米界的一个黑马品牌。崇明岛大米品牌源自于上海崇明岛，上海崇明岛是中国的第三大岛，处于北亚热带，气候温和湿润，四季分明，夏季湿热，盛行东南风，冬季干冷，盛行偏北风，属于典型的季风气候。它得天独厚的一面是三面环海的地理位置。特殊的岛屿气候，使这里出产的大米与其他地区的大米有所不同。

　　"崇明岛"大米的创始人，一开始就是抱着颠覆行业传统认知的态度进入大米行业的。"崇明岛"大米在上海崇明岛与五千亩农场签订了契约种植，它第一次提出要卖新鲜大米的理念。"崇明岛"大米只卖新鲜米的理念，一面市就受到了很多客户的喜欢。

　　"崇明岛"大米的"锁鲜"从地头开始，崇明岛有独立的锁鲜休眠室，运用日本低温技术储藏大米，保证大米在碾压的过程中，温度上浮不超过0.5度，避免大米因高温而带来营养流失。

　　科学表明，大米在加工、存放过程中营养会流失，有害病菌会逐步增多，长期使用库存大米对身体非常不好。所以经过日本的低温锁鲜加工，再进行恒温储藏，使得崇明岛的大米变成了真正的营养米，成为很多客户的首选米，在客户群中有 70% 的高复购率。

不是所有的大米都叫岛米，岛米就是新鲜的大米，已经成为了"崇明岛"崭新的品牌标签（图 2-45）。

图 2-45 "崇明岛"大米的推广口号

案例 69 | 太阳谷：北纬 41° 的滋味

冰酒起源于 18 世纪末的德国法兰克尼亚。一个葡萄酒庄碰上一个极好的年份，却因酒庄主人外出未能及时赶回，令挂在枝头的成熟葡萄错过了正常的采收时间。紧接着一场比往常早到的暴风雪突如其来，低温令葡萄冻结成冰。酒庄主人不舍得就此放弃，于是采摘并压榨"冰葡萄"，得到极少量的果汁，没想到从中酿制出的葡萄酒竟然风味独特、芬芳异常。这个意外之得就是后来以产量稀少、品质高贵而闻名的冰酒。

有一种酒，全球每三万瓶葡萄酒中只有一瓶；

有一种酒，被称作冰雪的馈赠、上帝的眼泪；

有一种酒，是颜色和价格都如同黄金的奢侈品；

这种酒就是：北纬 41° 冰酒。

冰酒是太阳谷的核心产品，在世界上被称为"液体黄金"，全球产量极少，几百年来都是供应欧美上层社会的高端酒品，是明显的资源制约性产品。成就太阳谷在世界冰酒界尊崇地位的是土壤。好葡萄酒"七分在种植，三分在酿造"，生产优质的葡萄对土壤的要求极高。

太阳谷庄园葡萄产区，土壤为灰钙土，适宜葡萄生产。冰酒的酿造对环境的要求非常苛刻，北纬41°，海拔380米，造就了葡萄生长季足够的积温和充足的光照，以及每个冬季都能达到零下8摄氏度并持续24小时以上的自然低温。太阳谷庄园葡萄产区具备在全球范围内罕见的冰葡萄生长所需的各种理想因素，而这一点加拿大和德国等大多数冰酒产区都无法做到，因此，这里是世界公认的冰酒生产绝佳地带，被国际葡萄酒专家称为"黄金冰谷"。

太阳谷庄园的成长史是一部土壤改良的工程史。近20年光阴，数亿元的投入，孜孜以求，最终将8 000亩葡萄园恢复为农耕时代的自然生态有机土壤。整个种植过程"零农药，零化肥"。太阳谷庄园用于酿酒的葡萄品种达数十种之多，土壤经过反复改良，葡萄植株经多年移植栽培，如今"法国蓝"等日渐式微的欧洲最古老名贵品种重焕生机，令国际葡萄酒界惊喜不已。得天独厚的自然环境和呕心沥血的潜心耕耘，使太阳谷成为酿造顶尖冰酒和葡萄酒的梦幻之地（图2-46）。

不是北纬41°的冰酒，就不能称之为好冰酒。

图2-46　中国营养协会会长为太阳谷冰酒题词

太阳谷庄园成为了中国冰酒行业的领跑者，是一家获欧盟和国内双有机认证的庄园。19年来，太阳谷荣誉满身：2005年荣获"伦敦国际评酒会"金奖；2006年荣获"布鲁塞尔国际评酒会"金奖；2007年荣获"圣地亚哥评酒会"金奖；2011年荣获"全球最具价值奢侈品品牌"100强；2012年成为拉菲在中国的唯一经纪人。

案例70 **蜜爱蜜：海拔1100米高原上的蜂蜜**

蜂蜜作为一种保健食品，它的卖点有很多，如成熟蜜、原蜜、不浓缩、无添加、零污染。当然它的地域之争从来没有减少过，很多人都讲自己的产品是东北、湖南、秦岭等地的蜂蜜，但没有人在地形上做出差异化，而蜜爱蜜，第一次提出高原蜂蜜的概念（图2-47）。

图2-47　蜜爱蜜品牌的推广广告

高原作为一种特殊的地形，它的高度决定了它每天接受太阳光照射的量比平原更多。这里的植物和生态环境也与其他地区有所不同。少见的高原气候和特殊的土壤，有利于植物体内营养物质的合成和积累，形成了同一蜜种不同花期有早中晚之分的立体蜜源，这也使得蜂蜜的纯度更高。

蜜爱蜜的蜜源地貌与众不同，高原蜂蜜如同甘露般珍贵，天然的野花蜜，保留了蜂蜜中的天然酶和原有的营养物质，富含更多维生素、矿物质、氨基酸酶类，芳香甜润，属于无污染原生态的天然食品。

　　大部分与棉品相关的行业，都说自己采用的棉花是新疆棉，凡是地域上有优势的产品都能讲出故事来，如小产区产品、野生种植产品、高原产品、深海产品、地中海气候产品，并都能够卖得比其他没有地域卖点的同类产品好，这是因为：地域即卖点。

16 人群即卖点

不同的人群会产生不同的需求，需要不同的产品；不同的阶段、不同的年龄、不同的性别、不同的工作环境、不同的时期，人的需求也是不完全相同的。

就像医院会把病人安排到各种各样的科，产品也带有各种各样人的属性。例如枕头，有婴儿定型枕、有儿童学习枕、有商务 U 形枕、有孕妇枕。在不同的时期，每个人对枕头的需求是不一样的。婴儿定型枕是专门为婴儿研制的，主要保证宝宝能够有好的头型；儿童学习枕主要是为学习期的儿童研制的，希望学习期的儿童能够有很好的睡眠；商务 U 形枕是专门为商务出差中没有办法好好休息的人群研制的，这种枕头的形状是"U"形的，可以帮助使用者坐着也能睡着；孕妇枕是专门为孕妇在怀孕期睡眠设计的，因为孕妇怀孕之后肚子会变大，导致睡觉时躺卧都非常不方便，所以在这个阶段她们就需要一个孕妇枕。

人群大分类：男人、女人，老人、小孩……

人群特征分类：油性皮肤、敏感皮肤……

人类特别时期分类：病人、孕产期、生理期……

人群职业分类：老板、教师、司机……

对人群进行细分之后，应该为特定人群研发特定的产品，将特定的人群当作产品的特殊卖点，这是一个非常重要的差异化方式。

案例 71 | 初元：为刚刚做完手术急需恢复的病人特制

初元就是一个典型的案例。在保健品竞争极其激烈的时候，初元进入了这个市场。这个市场中，都是脑白金、养生堂、红桃K、康恩贝、东阿阿胶、善存、汤臣倍健这样的大品牌。保健品行业与众不同，因为保健品是被食用的，所以客户对它的安全性、对它的功效、对它的出身背景，有特别苛刻的要求，不是知名品牌，很难在这个行业里做起来。初元进入这个市场的时候，已经没有保健品市场的红利可利用，同时它还要面临一堆强势的竞争对手，怎么样才能做起来呢？初元的做法就是锁定特殊人群：刚刚做完手术急需恢复的病人（图2-48）。

图 2-48　初元的推广广告

很多人去医院看望病人的时候，必然会带礼物，而在礼物的选择上，很多人没有标准，不知道带什么样的礼物去。大多数人会带水果篮，有一部分人会买保健品，但是选中的保健品可能没有针对性，不适合被看望的病人。

于是，初元就找到了自己精准的人群定位：初元口服液——适合术后需要补充营养的人群。它专门起名叫"初元"，因为"初元"等于"出院"的谐音，"看病人，送初元""送健康，选初元"等宣传口号，让"初元"二字变得家喻户晓。

这个卖点是针对人群的特殊时期来设计的。人总有生病的时候，"病人"并不是从年龄上做区分，也不从性别上做区分，而是针对人在特殊时期出现的一种特殊状态。人群有很多种分法，按人的职业、状态、年龄、性别都可以细分成产品的卖点。

以性别为卖点突围的另一个案例就是 RIO 鸡尾酒。十年之前，RIO 差点在市场夭折，而今，RIO 占据容量近百亿的市场，这其中的关键就是 RIO 找到了自己的突破点：有男人喝的酒，也应该有女人喝的酒，这一卖点将酒和饮料特点兼具的全新产品锐澳，打造成了半年营收 16.17 亿元的爆款。

案例 72 | RIO：让酒有了男女之分

十年前，身为百润香精公司总裁的刘晓东为了谈生意，经常出入上海夜场。当时，百润香精在全国一年的销售额也抵不过一套鸡尾酒在上海 13 家夜场一个月的销售额。

有利润就有诱惑，刘晓东不禁心动。上海夜场灯红酒绿，啤酒、洋酒、饮料三分天下。刘晓东并不敢直接与洋酒硬碰硬，轩尼诗、人头马、芝华士、帝王伏特加、威士忌……个个财大气粗。刘晓东别出心裁地把伏特加和果汁搭配在一起，一个兼具酒和饮料特点的新产品——锐澳预调鸡尾酒诞生了。

权衡再三，刘晓东为锐澳定价 20 元（夜场通常比正常渠道贵一倍以上），希望能低调地啃下一小块蛋糕。没想到，锐澳 20 元的定价让洋酒品牌看不起，但因与雪碧、可乐等平齐，招致了饮料品牌的不满。

夜场渠道基础深厚的雪碧、可乐等品牌悄悄把侍酒师和服务员安插在锐澳的促销员周围。为了拉拢侍酒师和服务生，雪碧还根据自己产品的瓶盖数量给对方计算折扣点。

之后，刘晓东狠心把锐澳零售价提高到 30 元，希望留出更多利润空间以获得侍酒师和服务生的推荐。可此时，他又犯了一个大忌，30 多元的价格刚好进入了另一个阵营——啤酒的价格势力范围。

这一举动立刻引起啤酒品牌的反弹，青岛啤酒率先施压，先是包场，后是买断；百威随后发难，将促销员增加一倍，以二围一的策略死死黏住锐澳，促销、包场，一个接一个。随后喜力、健力士、科罗娜也群起围攻，夜场经验极度匮乏的锐澳最终寡不敌众。

此时，有一双眼睛默默关注着四面受敌的刘晓东——古巴百加得酒业亚太区掌门海洛德·戴维克。他认为百加得旗下虽有灰鹅伏特加、帝王威士忌、卡萨多雷龙舌兰等数十个烈酒品牌，但急需开辟新的增长点。锐澳的横冲直撞，让海洛德·戴维克发现了市场机会。

于是锐澳又添了一个新对手,百加得推出的冰锐朗姆预调鸡尾酒。这款酒虽然凭借集团势力毫不费力地进入上海最知名的十三家夜场，但几乎重蹈了锐澳的覆辙。

2008年，冰锐销售惨淡，在偌大的上海销售额仅仅几百万元，受到了英国总部的点名批评；而锐澳也负债2 500多万元。百润董事会象征性地收了刘晓东100元钱，把锐澳品牌卖给他，算是惩罚，也算是给了他面子。

离开夜场转战"白场"，RIO不把酒卖给酒吧夜场里的人，换一个人群也许就会与众不同，转折就从这里开始了（图2-49）。

刘晓东这时也醒悟过来——预调酒的出路不在夜场人群，而是追逐时尚的年轻人！刘晓东打出定位更显精准的"小姐妹聚会的青春小酒"口号，直接把产品定位为年轻女性专用，并且宣称，这是"白场"（相对夜场而言）鸡尾酒。

图2-49　RIO酒的推广广告

初入社会的年轻女性聚会频多，喝饮料不能助兴，喝酒容易失态，因此，"小姐妹聚会的青春小酒"就显得时尚精致又有范。

RIO 在定位和营销战略上做得很成功，RIO 开始主打适合年轻、时尚女性偏爱的低酒精饮品。2010 年，锐澳实现盈利 1 000 多万元。2013 年 RIO 填补了预调酒货架的空白，并且一口气从上海、深圳扩展至华东、华北的整个市场，并顺势进入西北、西南等省市。

RIO，这个诞生仅十年的年轻品牌，在与百年酒企百得加旗下品牌冰锐对垒近十年后，终于成为了行业第一，超越对手，震惊了业界。

案例 73 | imoo：为学生设计的手机

手机领域基本上是垄断性类目，国外品牌有苹果、三星两大巨头，国内品牌有华为、小米、OPPO、vivo 抢占市场份额。这个行业要求比较快的供应链反应速度，任何一个功能的领先都可能改变自身的行业地位，所以很多手机品牌一直在手机配置和核心技术研发方面不遗余力。

随着手机行业的快速发展，现在手机市场基本上已经饱和。但是这并不意味着就没有其他的机会。市场上的手机大多数以功能细分为主，并没有以人群细分的强大对手。步步高就是看准了这个机会，采用了市场细分和进一步精准定位用户这个非常好用的方式。于是步步高旗下新品牌"imoo"诞生了。

imoo 手机是专门为学生定制的（图 2-50）。

图 2-50　imoo 手机的推广广告

学生这个人群特殊的需求造就了一个黑马手机品牌。

现在智能手机在学生群体的普及程度已经越来越高，但现在的情况是：学生使用手机会产生负面的影响，这一点让很多学生家长非常头痛，所以这一次步步高推出的 imoo 学习手机对他们的吸引力是非常大的。

从公布的信息来看，imoo 定位为学生手机，也就是主打学生这个细分市场。其实学生市场潜力巨大，有数据显示，目前国内中小学学生接近 3 亿，现在的学生群体都是深度"手机党"，使用手机的比例已经高达 80% 以上，但目前国内并没有专门针对学生的智能手机品牌。

许多中小学生要求家长买手机的理由都是方便与家长联系，但最终却是用于聊天、玩游戏、看小说。imoo 的出发点是"学习"，在产品上下足功夫，减轻了传统手机功能给学生带来的伤害，同时在宣传过程中，imoo 也进一步扭转了家长对于传统手机的认知。

这款学习手机最大的特色应该是一键 Get 功能了。在该功能的支持下，学生用户可以在"熄屏"状态下开启摄像头扫描解题、翻译单词等功能。家长可以通过设定来分配和管理孩子对手机的使用时间和程度。imoo 学习手机的一键 Get 功能就是手机可以快速识别题目，系统智能抓取识别题目内容，并自动匹配学习资源库，输出清晰的解题思路、归纳点评和相关知识点的名师讲解视频。

一键 Get 功能在 imoo 学习手机上有独立的界面，也被叫作一键搜，这个功能有光标、窗口两种工作模式。

在光标模式下开启一键 Get 后，手机屏幕处于黑屏状态，在扫描题目时，屏幕中仅提示扫描时的注意事项，对于简单的题目其识别速度快。窗口模式则是在扫描题目时能将题目直接显示在手机中，效果直观明了。

事实上，imoo 并不是步步高突然提出来的一个品牌，而是步步高教育早就布局好的一步棋。

"学习"和"手机"在大多数人看来是矛盾体，imoo 成功地解决了家长的顾虑，一上市就受到了很多家长和学生的欢迎。

案例 74 | 优吉儿：女宝宝专用尿不湿

尿不湿是一个垄断类目，而且是国际大品牌的垄断市场。客户购买尿不湿基本上都选择花王和帮宝适，并且这两个品牌的客户忠诚度非常高。

很多知名品牌跨界到这个类目，基本上也都无法崭露头角，即使安尔乐这类的大品牌也无法与花王和帮宝适抗衡。

优吉儿就是在这种背景下杀入尿不湿市场的，而且成功了，如今在行业中无人不知无人不晓。优吉儿成功的原因就是它抛开功能竞争，以人群为卖点，做女宝宝专用的尿不湿（图2-51）。

优吉儿有专业的研发团队，经过长期的研究和分析，发现男宝宝与女宝宝用同一种尿不湿是不对的，因为女宝宝与男宝宝的生理结构完全不同。男宝宝的生殖器是外延凸出的，可以很好地保护自己不接触尿液。而女宝宝使用普通的尿不湿仍然会接触尿液，这样会滋生细菌，可能产生感染。

图 2-51　优吉儿的推销广告

优吉儿于是研发了女宝宝专用的尿不湿，根据女宝宝的生理结构而设计。优吉儿从此一战成名，成为了女宝宝尿不湿行业的第一，成功从花王和帮宝适垄断的市场当中撕开了一个大口子。优吉儿客户忠诚度极高，就算其他品牌再做女宝宝尿不湿，仍然无法夺取优吉儿女宝宝尿不湿的市场。

案例 75 | 十月结晶：产妇专用卫生巾，针对关键 3 周

和优吉儿细分性别不同的是，十月结晶细分了人群的特殊时期。产妇产后会有一个为期 3 周左右的恶露排出期，这个时期需要用特殊的卫生巾来进行护理。这个关键时期产妇如果护理不当会发生感染。选择使用专门为产妇恶露期使用的卫生巾会减少一些不必要的麻烦。

产妇卫生巾与普通卫生巾有什么区别呢？

从材质上讲，普通卫生巾材质复杂，各种成分都有，不适合产后使用。而十月结晶产妇卫生巾为恶露期特制，使用"无纺布＋棉"，加厚透气，再多恶露都可以被吸收。

从回渗功能上讲，一般的卫生巾无法应对集中的恶露期排出量，容易回渗，只适合一般生理期。十月结晶产妇卫生巾 9 倍于普通卫生巾的吸力，有效防止回渗。

从是否侧漏功能上讲，十月结晶产妇卫生巾的加大、加厚设计，完全避免了侧漏的发生，适合恶露期大排量使用。

从健康度上讲，一般卫生巾成分复杂，容易在恶露期内使产妇感染妇科病。而十月结晶产妇卫生巾不含化纤成分，可降低产妇过敏率，达到医用级别。

十月结晶针对特殊的人群、特殊的时间、特殊的需求，创造了一个特殊的产品，成功地占据了一个为期 3 周的大市场（图 2-52）。

因此人群不仅分年龄，还可以分特殊时期、特殊角色、特殊状态，这些都可以成为卖点的策划范围。

图 2-52　十月结晶的推广广告

　　人群即卖点，每一类细分人群，都会产生需求细分，而需求细分就是卖点产生的根源。人群有性别之分，所以健身房应该分男女，因为男女身体结构和运动量不一样；充电宝可以分男女；汽车品牌可以分男女；茶叶可以分男女……人群有年龄之分，所以奶粉有婴儿奶粉、儿童钙奶、老年高钙奶粉；尿不湿有婴儿尿不湿、成人尿不湿；电话有儿童电话、老年电话……人群有角色之分，所以有亲子装，有工作服，有职业装……人群有不同的状态之分……人群的各种属性就是卖点的策划点，所以你的产品也应该从这个角度进行布局或者策划。

17 专家即卖点

我们讨论客户购买决策的影响因素时，不得不提一个影响因子 —— 专家。因为信息不对称，所以消费者更容易相信专家的引导。

专家可以是行业的意见领袖、权威机构、行业研究中心或专业人士。这些机构和人的观点就是卖点。很多品牌都会用专家作背书，借专家之口来修正客户原有的认知，植入新的认知，甚至直接以专家作为品牌的名字，如王老吉凉茶、廖氏川菜、李医生、铜师傅、王木匠、卤味大师等。

专家是具备第三方观点的卖点，一个产品找到专家支撑，就能跳出低价竞争，甚至给行业下定义，直接卖高价。爱德华护眼灯就是这样一个典型案例。

案例 76 | 爱德华：由医学专家 + 光学专家联合研发的润眼灯

护眼灯行业一直是一个很难做的行业，因为这个类目的技术含量比较低，价格战非常严重，并且多是有品牌背景的大品牌公司之间的战争。在互联网上，护眼灯的价格曾被做到 9 块 9 包邮，价格战一度使全行业产品的价格都在 20 块钱以内。

在全行业大部分产品都不赚钱的时候，一个不知名的品牌突然崛起，并且获利颇丰，这个品牌就是爱德华护眼灯。

为什么全行业都在打价格战时，它却能够把护眼灯卖到了 1 499 元，而且还有很多人买，成为了全行业中最赚钱的护眼灯企业呢？因为爱德华打的是专家概念。它的品牌广告语是"医师研发，护眼选它"。为什么爱德华护眼灯的价格如此昂贵还有很多人买呢？因为它是由医学专家与光学专家联合研发的润眼灯，不是护眼灯而是润眼灯（图 2-53）。爱德华品牌非常擅长打专家的概念，它引用了2010 年，美国眼科大会上的报道：光化学伤害是导致视力恶化的重要因素之一。早在 2003 年，美国视力保健协会主席丹尼博士收到大量人们视力受损的求救信息后，在丹尼博士的倡导下，美国顶级眼科医院——圣卢克眼科医院主治医生爱德华·哈格特率领 12 名眼科专家团队展开了调查。2010 年美国眼科大会上，丹尼博士公布了眼科专家惊人的调查结果：市场上绝大部分照明灯光，都含有对眼球伤害巨大的蓝光，使用者长期在有害的蓝光下阅读，会导致近视、白内障甚至引发失明。医生们提醒，蓝光对儿童眼睛的伤害更为严重。

图 2-53　爱德华润眼灯的促销广告

　　爱德华·哈格特首先强调蓝光的危害性：蓝光是一种高能量可见光，可直接穿透角膜和晶状体，直达黄斑区，加速黄斑区细胞氧化，对视网膜造成光化学损害。蓝光对儿童视网膜的伤害更为严重。蓝光无处不在，大量存在于日常生活当中，太阳、日光灯管、液晶显示屏都会产生，因此蓝光被研究证实是最具危害性的可见光。整个护眼灯市场价格如此低廉，原因在于市场上绝大多数照明灯具、3C 数码用材等从不考虑蓝光的问题。而蓝光对视力的伤害，如同紫外线对皮肤的伤害，平时不易察觉，但经过长时间的沉淀会产生严重后果。蓝光广泛存在于人造光源当中，对各类人群造成了不良的影响，少年儿童、白领人士、银发一族，都容易受到蓝光对视力的侵害。

爱德华护眼灯，以爱德华医生来命名。爱德华医生在 2003 年到 2016 年担任美国白内障眼科权威——圣卢克眼科医院弱视科主任。爱德华医生与光学专家合作，终于研究出针对蓝光具有防护作用的润光板技术。

爱德华品牌护眼灯就是靠着对爱德华医生的包装，打出了润眼灯的新概念，使整个行业知道这是一款由医学专家与光学专家联合研发的润眼灯，只有这样的灯才是真正抗蓝光护眼的。因此，爱德华品牌护眼灯才可以卖到 1 499 元以上的价格，并且受到很多消费者的喜爱，在全行业获得极高的利润。

案例 77 | babycare：骨科医生推荐的婴儿背带

父母带孩子都少不了的一样产品就是背带。在互联网上大多数背带的价格在 39 元到 79 元，并且全行业的价格都比较低廉，但只有一个品牌例外，这个品牌就是 babycare。

为什么 babycare 可以把背带卖这么贵？打开 babycare 店铺首页，首先看到每张图上都写着一句话"骨科医生推荐使用"。也就是说，这是由美国坎贝尔医学中心骨科医生推荐使用的背带。babycare 特地在详情页中借专家之口说明，劣质背带是早期"O"型腿的诱因（图 2-54）。

图 2-54　babycare 店铺的首页

劣质背带布局不合理，会压迫幼儿的骨骼，严重影响幼儿骨骼的发育，有时甚至会影响幼儿内脏器官的发育。babycare 的受力点分布在父母腹部、腰部和肩部，不会使人体骨骼产生劳损病变，父母背起来非常省力（图 2-55）。

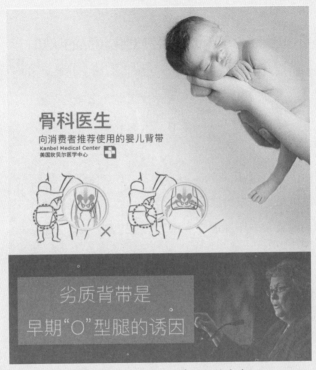

图 2-55　babycare 品牌的促销广告

在设计上，babycare 也根据骨科医生的建议，加大了凳面儿。圆形的正面与侧翼内收型凳面的区别是原先没有的，圆形的凳面可以让宝宝坐在上面，而不是骑在上面，大腿根部更大面积承托宝宝，使腰椎更省力，同时避免宝宝造成早期 O 型腿。

babycare 为了建立更加专业的形象，对 0 ~ 36 个月幼儿的不同抱法做了一个科学的讲解。幼儿的骨骼发育在 0 ~ 36 个月会发生不同的变化，所以 babycare 的使用方式要严格根据幼儿发育的阶段来进行改变。

正是因为妈妈对宝宝骨骼发育不正常的担心，才会选择骨科医生推荐的，更专业、更昂贵的 babycare。虽然 babycare 的售价比较贵，但是仍然能够做到行业第一。

案例 78 | 牛尔旗舰店：重新改变客户对化妆品的认知

牛尔旗舰店是以牛尔这个创始人命名的。牛尔，出生于 1967 年 2 月 8 日，本名牛毓麟，人称牛尔老师，是台北医学院医事技术系的毕业生，曾任职于欧美知名品牌。他因担任女性流行美容节目"女人我最大"的来宾而一炮走红，成为"新一代美容导师"。

牛尔时不时会为美容产品代言，其代言的广告除了在台湾播放，也会在香港的 Roadshow 及有线电视节目播出。牛尔的作品有《牛尔的爱美书——全面保养 DIY》《牛尔的嫩白书》等，这些书奠定了他的美容保养专家地位（图 2-56）。

图 2-56　牛尔品牌的网页

牛尔在护肤品行业第一次提出护肤一定要用适合自己皮肤成分的化妆品。牛尔曾经说人的脸上最多不得使用超过 3 个品牌的化妆品，因为不同品牌的化妆品成分会相互冲突。有的消费者使用的化妆品效果不好，甚至引起过敏性反应，归根结底就是化妆品成分与皮肤不相符合。

牛尔的成分理论直接改变了消费者对化妆品的认知，在不正确的护肤等于毁容这种严重的后果面前，很多消费者开始更加关注如何正确护肤。

牛尔作为护肤品国际成分专家，自然对产品有话语权。客户的消费决策也直接受牛尔观点的影响。这就是以专家为卖点可以从根本上改变客户思想的直观反映。

所有的牛尔护肤品店铺上都写明牛尔亲研，一个国际成分专家研制的化妆品套餐，必定能够更好地呵护皮肤。

"牛尔"这个名字，曾荣获搜狐网"最佳美容杰出贡献奖"殊荣，它也是专家卖点的极佳案例。

案例 79 | 雕爷牛腩：专家做出来的牛腩贵族

雕爷成名于电商时代，是一个优秀的品牌策划大师，因为他深知品牌卖点如何创造。

雕爷牛腩曾名噪一时，而究其原因，是因为打了"专家"这张牌，成为了当下卖得最贵的牛腩。

雕爷牛腩的配方来自于哪位专家呢？来自戴龙，雕爷以 500 万元的价格买断了戴龙的配方。戴龙是周星驰电影《食神》的原型，那部电影里的故事，有一半来自于他本人。周星驰在电影筹备之初，就拜其为师学习厨艺。那句"笨蛋，炒饭要用隔夜饭"就是戴龙编到电影里的。

提到戴龙，大部分人不知道的是，戴龙一生有两道菜最为得意：皇帝炒饭与食神牛腩。这两道菜，除何鸿燊外，李嘉诚、霍英东、郑裕彤等香港巨贾名流都深深钟爱，多次请戴龙到府上亲做——就连 1997 年香港回归当晚的宴会，首席行政总厨也是戴龙。戴龙曾说"一个真正的好厨师，考验的不是用名贵食材炫技，恰恰是用最平凡的食材，做出淳朴而又令人心醉的味道，是令食客吃完之后，数月乃至数年过去，嘴里还能念念不忘的味道。"

雕爷牛腩除了运用专家元素，还运用了另外一种意见领袖，就是美食品鉴家和名人明星。雕爷牛腩开业初期需要内测，曾经邀请很多明星和名人参与品尝，评价颇好，因此最后的售价也非常高，所以被称为牛腩中的贵族（图 2-57）。

图 2-57 雕爷牛腩的宣传广告

案例 80 | 小罐茶：8 位制茶大师的巨作

中国茶企近十万家，茶叶品类更是琳琅满目、数不胜数，很难说出行业公认的第一品牌。

说起行业标准，更是茶行业从业人心中的痛点。六大茶类各有各的标准，十大名茶各有各的说头，准入门槛低得也无标准可言，价格体系也没有标准可以借鉴。好茶的标准就像哈姆雷特一样，似乎每个人心中都有一套标准。这些都让消费者感到困惑，困惑他们应该如何选茶。

那什么是好茶的标准呢？小罐茶认为标准的好茶应该是出自那些能真正代表中国茶制作技艺水平的人。于是，他们便找到了 8 大名茶的 8 位非遗传承人，为好茶立了个标准，"小罐茶"品牌便应运而生。

小罐茶，大师作，一出手便震撼全行业。从这 8 位大师的专业地位就能看出，一般的竞争对手很难再超越它了。

普洱茶 / 邹炳良（中国普洱茶终身成就大师）。

大红袍 / 王顺明（非物质文化遗产项目及武夷岩茶制作技艺传承人）。

滇红 / 张成仁（非物质文化遗产项目及滇红茶制作技艺传承人）。

铁观音 / 魏月德（国家非物质文化遗产项目乌龙茶制作技艺传承人）。

西湖龙井/戚国伟[国家礼品茶西湖龙井指定承办者,西湖龙井制茶(浙江省)大师]。

黄山毛峰/谢四十（国家非物质文化遗产项目黄山毛峰制作技艺传承人）。

福鼎白茶/林振传（国家非物质文化遗产项目福鼎白茶制作技艺传承人）。

茉莉花茶/林乃荣（国家非物质文化遗产项目福州茉莉花茶制作技艺传承人）。

这8位大师，无论哪一位都代表了中国制茶技艺的最高水准。他们有的是开山立派的一代宗师，有的是国家非物质遗产的传承人，有的是世代制茶的大家。要想打动他们并获得支持和认可，还能和他们一起合作共同打造品牌，其实是一件极其困难的事情（图2-58）。

图 2-58　小罐茶的推广广告

小罐茶走遍中国几大主要茶产区，一次次登门拜访和虚心请教，从开始的被拒绝、被误解到得到大师们的认可，前前后后历时3年多，行程40多万公里，拜访了8位中国品类茶最好的制茶大师，并最终打动了他们为小罐茶倾力打造8大名茶的标准好茶。

小罐茶除了对制作人的要求极高外，对原料的要求也是如此。只选用原产地核心产区的特级茶青，对采摘时间和采摘方式都有严格要求。一年365天，适合小罐茶原料的采摘时间不超过5天。在制作工艺上，小罐茶严格遵循古法制茶技艺，慢工细作，似熬汤，只有慢火细炖出来的汤才更加美味、有营养。

从人、原料到工艺，小罐茶的要求都极苛刻。唯有如此，才能保证消费者享有的每罐茶都是大师的代表作。

小罐乾坤，重新设计茶叶消费体验。

没有标准很可怕，欲立标准更是件极困难的事。小罐茶希望重新定义中国好茶，用标准化思维创新产品，用全新的方式来设计茶叶的消费体验，根据消费者的实际需求，用心为他们寻好茶，让茶文化更加接近生活（图 2-59）。

图 2-59　小罐茶的推广广告

小罐茶的体验店，首先给你一种耳目一新的视觉冲击感，茶的东方传统气质与现代化简约设计的美感在这里得到了完美融合。等你坐下来慢慢品茶，体验到简约轻松的饮茶方式，不管你以前有没有喝茶的经历，都将被大师手制茶的魅力折服。丰富的香气和善于变化的茶汤滋味，挑逗着你的味蕾，颠覆你对好茶的定义。

从历时 3 年多寻找中国最好的原叶茶，到邀请日本设计大师神原秀夫花费 2 年 13 稿耗资 500 万元打造完美小茶罐，再到小罐茶每个店面奢侈品水准的陈列风格，小罐茶不仅在刷新消费者对好茶的印象，更是颠覆了传统意义上茶叶的消费体验。小罐茶的每个细节，都站在消费者的立场上考虑，希望消费者拥有近乎完美的喝茶体验。

在喝茶的方式上，小罐茶也想得极为周到。为了完美配合一罐就是一泡茶的理念，并让泡茶更加讲究和方便，小罐茶配备了功能齐全及能满足多元化需求的茶具。整套茶具的设计也是由以注重细节和用户体验著称的日本设计大师神原秀夫亲自操刀。

所有的茶和茶具都有一套与之完美契合并能随身携带的经典牛皮茶箱。不管你是在飞机上还是在自驾游中，随身携带一套茶箱便能随时随地享受茶香。

除了注重茶和包装的体验，小罐茶也非常注重销售端的用户体验。凡是在小罐茶购买过茶的顾客，现在只要聚齐 10 个小罐茶空罐就可以到任意门店换购任意一款大师的手制茶。

小罐茶通过全方位的理念创新，真正实现从产品、包装、价格到消费端的一体化标准。从原产地找到绝好的原料，联合 8 位国宝级制茶大师制定唯一的包装、等级和价格，重新定义中国好茶标准，缔造极致的茶叶消费体验。这些理念和创举，在中国茶行业史上都是绝无仅有的。

面对小罐茶，你的选择困难症或许会变本加厉，因为中国最好的标准茶都在这里。唯一的包装、唯一的等级和唯一的价格，近乎完美的茶叶包装吸引着你，此时此刻，你担心的不是选哪款大师的手制茶，而是担心包里的钱够不够。因为小罐茶将大师作为卖点，使其售价也变得极高。但即便卖得贵，它在天猫店上仍多次断货，可见小罐茶以专家确立了自己全品类的权威地位。

专家即卖点。优秀的人推荐的产品必定优秀，专业权威人士制作的产品必定专业。这种思想在客户心中是根深蒂固的。所以所有的牛奶品牌都会找一堆专家背书，来指导妈妈们的选择；所有的保健品都会用专家来包装自己，来引导消费者。一个净化器有净化专家，一件衣服有设计师，一款内衣有体验师，一个玩具有益智教师，甚至一袋大米也有营养师。

中国很多品牌是专家成就的，中国很多知名品牌都找明星、名人代言，因为客户在不了解产品的时候会选择相信意见领袖，而客户的已有认识再牢固也会因为专家的新观点而改弦易张。很多新品牌击败老品牌的方法就是提出一个新观点。当客户都在关注买燕窝需要鉴别真假的时候，专家说真燕窝不等于好燕窝。消费者马上就会更关注"好"的观点和理论。很多行业就是这样被不断颠覆的。

你的产品有什么权威支撑和专家元素吗？你的产品的专家卖点又是什么呢？

18 理念即卖点

为什么品牌定位会有心智市场的提法。因为消费者所有的购买决策都是由一套理念来指导的。当消费者对产品没有认知的时候会用价格高低来判断产品好坏，他们的消费指导理念就是"便宜没好货，好货不便宜"。

消费者当面对统一价格层级的产品时，会跟着大多数消费者的购买决策来进行决策，这时他们消费决策的理念就是"大家都买的肯定没问题，骗也不止骗我一个"。这些理念是千百年来沉淀下的认知，至今也无法被打破，是最原始的消费理念。

消费决策是由消费理念决定的，那么消费理念就会成为卖点。消费者永远没有企业生产者更加了解产品本身，也无法比企业生产者更加了解行业内幕。因此，在决策理念上消费者是极其不自信的，只能靠原始消费理念来进行决策。当有崭新的特别是看起来科学的理念出现时，会直接改变消费者的决策。

理念就是行业标准，一个行业有了规范的消费理念是很可怕的一件事，因为客户会完全摒弃原来的、自有的多种消费决策理念，完全按照一个标准来进行决策。谁提出这个标准，谁先提出一套科学理念，客户就会选择谁，并且在同一个角度的阐述上不再接受其他理念，因为思想上消费者不允许相互不同的理念共存。

案例 **081** | 食用油市场的理念之战

金龙鱼之所以能够快速做起来，是因为当食用油市场标准多样，消费者不知道用什么标准来进行选择的时候，金龙鱼第一个提出了食用油行业的卖点：只有1:1:1科学比例的调和油才是好的食用油。从此食用油市场就有了行业卖点，食用油从那个时候开始就只分两类，一类是1:1:1的科学比例调和油，一类是其他食用油。

正是靠这套崭新的行业新理念，金龙鱼异军突起。从此以后不管同行在货架上摆多少产品，以多高的频率展示，定多低的价格，提多少种卖点，消费者只认一个标准：只有1:1:1科学比例的调和油才是好的食用油，因此金龙鱼的销售额很快超过了所有同行的销售额总和，垄断了400亿元的食用油市场，直到鲁花食用油崛起。

金龙鱼提出的卖点是不能被同行复制和更改的，任何一个同行再提出1:2:1的理念客户就很难相信。因为从同一个角度阐述产品，客户只相信一套理念。1:1:1是行业卖点，是

行业消费决策的理念。

鲁花之所以能够击败金龙鱼，除了当时金龙鱼正遭受广告官司和转基因食用油信任危机以外，更重要的是鲁花提出了新的行业标准，即上文中提到的5S物理压榨。这套理念之所以能被客户接受，是因为鲁花没有在比例多少上做文章，因为鲁花知道，同一个角度阐述产品，客户只信一套理念（图2-60）。

鲁花从另外一个角度告诉消费者，食用油分为两种：一种安全，一种不安全，物理压榨的才是安全的食用油，化学浸泡出来的不是安全的食用油。

图2-60　金龙鱼和鲁花食用油的理念宣传广告

通过食用油市场的两次理念之战，我们可以看出理念即卖点，而且是可以改变客户决策标准，使同行按自己定义的行业标准进行表述的"原子弹"级别的卖点，是整个行业的卖点。

除了食用油行业，抽油烟机行业也有一场行业的标准之争，而这也是一场因为一个理念而获胜的战争，而进行战争的两个品牌就是我们熟知的方太与老板。

案例 82 | 抽油烟机市场的理念之战

方太与老板一直是抽油烟机行业的双雄，在行业中一直处于第一和第二的地位，关于方太与老板谁是厨电行业老大的争论由来已久，但不管谁是第一，谁是第二，这两家领军品牌在发展中都很好地实践了高端厨电的理念，引导着厨电行业快速向良性发展。两虎相斗总归要分出个输赢，就抽油烟机这个单品类来讲，赢的却是老板。

方太原来是整个行业抽烟机里的高端品牌，在消费者中口碑非常不错，一向以行业高端品牌的老大自居。方太这个名字取得也非常好，很贴近生活。可以说，一提到高端抽油烟机，大家首先会想到方太。方太在高端抽油烟机市场上也是稳居第一的地位。老板一直想赶超方太，但一直无法找到新的突破口，直到老板找到一套崭新的理念，给行业定了一个标准。

调查表明，中老年女性长期处在高温、油烟环境中，患肺癌的危险性会增加2到3倍，而在非吸烟女性患肺癌的危险原因当中，60%是因为厨房的油烟。可以说，炒菜一小时等于吸了近半包烟。而通常一般的抽油烟机无法全面地对油烟进行净化。

于是老板就颠覆行业原有理念，提出一个崭新的概念——大吸力。

老板向全行业喊出，老板再也不做 17m³ 以下的油烟机，而且明确宣布今后老板抽油烟机将停止生产非大吸力油烟机。2008 年老板电器的双劲芯技术诞生，首创大吸力抽油烟机，将抽油烟机行业推到一个崭新的时代——大吸力时代。

是否是 17m³ 以上的抽油烟机也成为了消费者选择抽油烟机的一个标准。在客户心中，老板跟大吸力这个概念紧紧联系在一起。一提到大吸力，首先会想到老板。这个标准也成为行业一个崭新的选择理念。客户选择抽油烟机，会首先选择达到 17m³ 以上的超大排放风量的抽油烟机。

而此时，方太却并没有抢占这块消费市场，而且它的产品当中，还有很多种产品的吸力达不到 17m³。这个标准的建立，不仅打了方太一个措手不及，而且打了全行业一个措手不及。

越是信息不对称的行业，越缺乏行业标准，客户在做选择的时候越倾向于使用原始理念做判断。所以说，当一个行业没有行业标准的时候，这个行业就充满着机会。因为没有人给这个行业定标准，消费者就更需要一个共有的消费理念。

破壁料理机作为一个新生的产品，也经过几轮的升级。破壁料理机原来是在榨汁机的基础上，打了一个破壁的概念，实现了行业品类的创新。然而破壁料理机到底是什么样的机器呢？整个行业并没有给出具体的标准。破壁料理机从机器好坏到功能多少，再到后来的加热破壁料理机，一直在拼功能。直到一个品牌给行业定了一个标准，提出 38℃破壁料理机才是好的破壁料理机——这个品牌就是祁和电器。

案例 83 | 祁和电器：38℃的行业标准

客户购买破壁料理机的主要目的是为了更好地吸收果汁中的营养，所以破壁料理机能不能把果汁的营养充分地发挥出来，提炼出来，是判断破壁料理机好坏的一个标准。

有些人，如中老年人、病人，他们对营养物质的吸收能力不强，所以如果做出的果汁能够被他们吸收，这样的破壁料理机才是好的破壁料理机。而祁和电器提出了一个崭新的理念叫作温控破壁料理机，只有能榨出 38℃左右果汁的破壁料理机才是好的破壁料理机。

往往一度之差就能造成水果营养的流失，所以祁和电器倡导将蔬果料理的温度控制在38℃左右。38℃左右是一个什么概念呢？38℃是酶活性最佳的温度。

酶在38℃的环境下，能更大地发挥活性，充分发挥催化作用，将植物生化素的效能提升三倍。也就是说，喝一杯38℃破壁料理机的果汁，等于喝三杯普通破壁料理机的果汁（图2-61）。

为了把这个理念植入人心，祁和电器还提出38℃与胃同温的概念。38℃接近胃的温度，温和不刺激，能够减轻肠胃的负担，让养分快速融入每个细胞。

38℃！与胃同温

38℃接近胃的温度，温和不刺激，减轻肠胃负担，
能让养分快速融进每一个细胞。

图 2-61　祁和电器的行业新标准

基于这一套理念和标准，消费者在选择破壁料理机的时候，有了一个基本的决策依据。这个基本的决策依据就是破壁料理机不是破壁了就一定是好的料理机，而是能够把营养释放到最大且温度控制在38℃左右的破壁料理机才是好的破壁料理机。

同样一种产品可以从不同的角度提出不同的产品理念。一个理念的心理认知面越宽它对客户产生的影响就越大。产品的理念可以从不同的角度被阐释，就像卖点有很多种维度，理念也可以从不同的维度找到差异化。例如吸奶器这个行业，因为行业比较新，所以没有统一的标准，各种理念之争非常激烈。

案例 **84** | 美德乐：双韵律吸乳模式

当吸奶器全行业都在打吸力大这张牌的时候，美德乐却提出了新理念。

美德乐作为母乳喂养全套解决方案的品牌商，在行业中处在第一的位置，是比较高端的吸奶器。但为什么美德乐售价高达 1 400 元，却还一直有很多忠诚的客户呢？原因是美德乐第一次提出了双韵律的理论。

美德乐深度模拟婴儿的自然吮吸，刺激和吸入的两种韵律，可以让妈妈感受到宝宝真实的吮吸，从而更快地分泌更多乳汁。因为乳房在被吮吸的时候有一定的负压值，不同的频率之间会产生不同的附加值，在不同的阶段也需要不同的频率。在刺激泌乳阶段，每分钟大于 100 个循环频率，才能够快速地通过微小的力来刺激乳汁的产生；在舒缓吸乳阶段，每分钟六十个循环频率才能够产生更多的乳汁（图 2-62）。

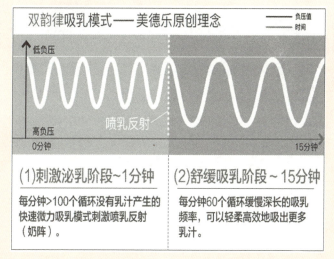

图 2-62　美德乐双韵律吸奶器的理念

这是美德乐提出的双韵律原创理论。这个理论合理解释了为什么用美德乐吸乳器会产生更多的乳汁，因为频率之间产生的负压值是最适合吸吮力度和频次的。

案例 85 | 好女人：阶段吸允理论提出者

好女人也是吸奶器中的一个优秀品牌，借助其医疗背景，吸奶器受到消费者的信任和依赖。它提出了一个新的理论，这个理论和美德乐非常相似，美德乐提出的是双韵律吸乳模式，好女人则提出了"两阶段"的理论，把婴儿吮吸动作拆解为按摩催乳和舒适吸乳两个阶段。

针对这两个特殊的阶段，好女人提出 10 挡开乳的"5+5 两阶段"理论。好女人提出，在第一个阶段需要 5 挡按摩催乳，在第二个阶段也需要 5 挡吸乳，而5+5 正好完成了按摩催乳和舒适吸乳（图 2-63）。

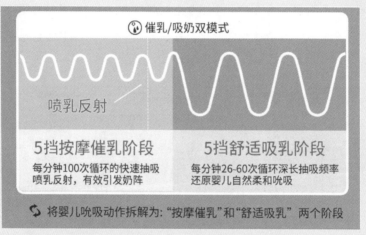

图 2-63　好女人提出的"两阶段"理论

第一阶段的 5 挡是为了使乳房产生胚乳反射，第二阶段的 5 挡是为了还原婴儿自然柔和吮吸的动作，使妈妈能够舒适地分泌乳汁。好女人将婴儿吮吸动作拆解为两个阶段，5 挡按摩形成喷乳反射，有效引发奶阵；5 挡舒适吸乳，形成妈妈舒服的挡位。

科学计算每一次吸奶器和乳房的亲密距离，双模式共分 10 种强度，5 挡按摩催乳，5 挡柔和吸乳，结束时自动记录适合妈妈的挡位。

案例 **86** 可瑞尔——1.48 秒 / 次接近婴儿吸吮频率

虽然美得乐和好女人都在创造自己的理念，但不管是双韵律还是双阶段，都没有明确定义出什么才是真实的婴儿吸吮频率，而可瑞尔就抓住了这个机会。

可瑞尔提出越是接近婴儿真实的吸吮频率，乳汁分泌得就越多，而可瑞尔主张 1.48 秒 / 次的吸吮频率是最接近婴儿真实吸吮频率的，会实现母爱共鸣，刺激泌乳。1.48 秒 / 次就成为了婴儿真实吮吸频率的标准。这个标准，为可瑞尔这个品牌贴上了仿真吸奶器的标签，而 1.48 秒 / 次是这个标签的核心（图 2-64）。

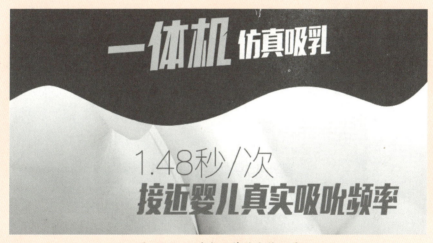

图 2-64　可瑞尔品牌的宣传口号

除了这个卖点以外，可瑞尔还标榜自己的吸奶器是第三代吸奶器。第一代的吸奶器是按压式的吸奶器，吸奶时费时费力，手部压力大，妈妈容易感到手累手酸。第二代吸奶器是分体式电动吸奶器，不能走动，不可充电，因此，背奶不方便。可瑞尔第三代吸奶器是一体式的吸奶器，可充电便携式的这个概念很受消费者的欢迎。可瑞尔倡导 1.48 秒 / 次的接近婴儿真实吮吸频率的吸奶器工作频率以及第三代一体机概念，让该品牌在市场中受到很多消费者的欢迎。这款产品一度达到 10 万件的年销量。

案例 87 | 小白熊：呵护乳房的无痛主义倡导者

吸奶器不管是双韵律还是双阶段，都标榜自己最接近婴儿真实吮吸的频率。但是在消费者使用吸奶器的时候，总会感觉到自己被拉伸，而且经常使用吸奶器，会导致乳房出现疼痛。这时有一个品牌提出不疼痛的吸奶器才是好的吸奶器的概念。

小白熊创造了一款微振动无痛吸奶器。微振动无痛吸奶器与其他品牌吸奶器最大的不同在于工作原理。其他品牌吸奶器的原理是：妈妈产奶分为开奶和泌乳两个阶段，不管是双韵律还是双阶段，都是在用吸和放两种动作对乳房进行刺激，长期一吸一放的拉伸动作，会对乳房造成很大的伤害。小白熊第一次在"吸—放"之间加入了一个微振动的频率，形成了"吸—微振动缓冲—放"的舒适度极好的频率。而恰恰是跟同行这一点点的区别，使"吸—放"过程中没有明显的疼痛感（图 2-65）。

智妍电动吸奶器 HL-0851
边吸边按摩 舒适无痛
4500次/分 专利微振按摩技术刺激奶阵
刺激奶阵 提高泌乳量

图 2-65　小白熊吹奶器的推广口号

这款产品就成为了全行业唯一的不疼痛的吸奶器。这个卖点非常突出，也受到很多妈妈的欢迎。

案例 88 | BEBEBAO：不拉乳腺防下垂的安全吸力

有人关注吸奶器是否引起疼痛，也就有人关注吸奶器是否导致乳房下垂。因为孕产期之后的妇女最容易出现乳房下垂的现象，而防止乳房下垂也是吸奶器行业的一个基本功能需求。

于是，BEBEBAO率先提出了防下垂的吸奶器才是真正好吸奶器的概念。市场上大多数吸奶器的拉力远远超过了国际规定的标准，无形中对女性的乳腺和毛细血管造成了伤害。BEBEBAO提出的这一理念对那些很在乎身材和特别注重产后塑形的女性无疑具有强大的说服力。

其实市场上大多数接近宝宝真实吮吸频率的吸奶器都是很安全的，但是并没有多少人提出防下垂这个理念。BEBEBAO就抢先占领了客户这方面的需求点（图2-66）。

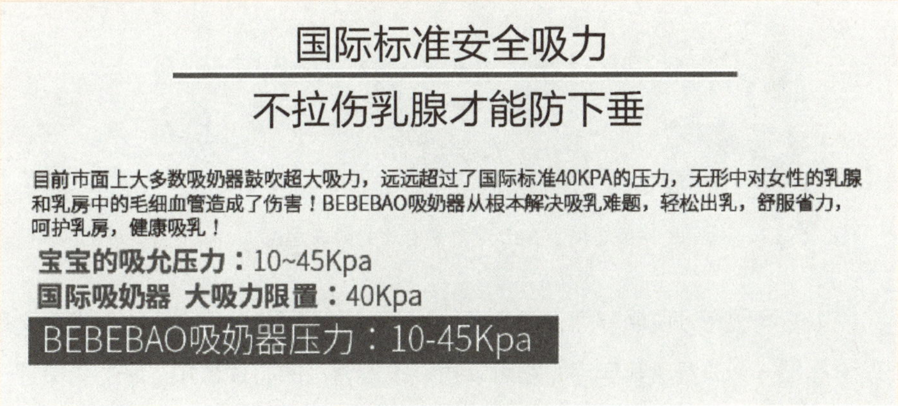

国际标准安全吸力
不拉伤乳腺才能防下垂

目前市面上大多数吸奶器鼓吹超大吸力，远远超过了国际标准40KPA的压力，无形中对女性的乳腺和乳房中的毛细血管造成了伤害！BEBEBAO吸奶器从根本解决吸乳难题，轻松出乳，舒服省力，呵护乳房，健康吸乳！

宝宝的吸允压力：10~45Kpa
国际吸奶器 大吸力限置：40Kpa
BEBEBAO吸奶器压力：10-45Kpa

图 2-66　BEBEBAO 吸奶器的推广宣传语

案例 89 | 优之爱：不喝变质奶的崭新理念

有人在妈妈身上下功夫，当然也少不了有人在宝宝身上下功夫。优之爱就是这样一个品牌。借着人们不喝隔夜水的认知，优之爱提出了不喝隔夜母乳的新概念。

隔夜的母乳就是不新鲜的母乳，不能保鲜的吸奶器都是不好的吸奶器。当大家都在研究吸奶器的吸力多大合适的时候，优之爱抓住了妈妈最核心的痛点——宝宝需要什么样的母乳。于是优之爱就打出了真空锁鲜，不喝变质奶的崭新理念（图2-67）。

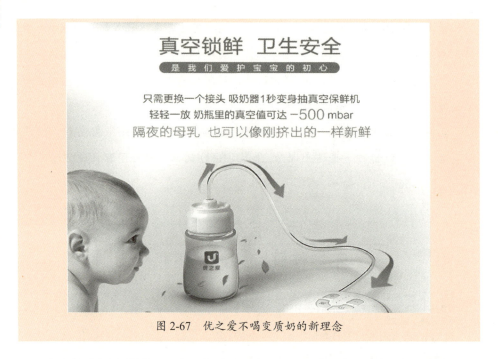

图 2-67　优之爱不喝变质奶的新理念

以上的案例充分说明一点，每个产品都可以从不同的角度来树立新理念。每个理念都是一个消费决策卖点，它可以直接改变客户的心理认知。好的决策理念是建立在客户固有的原始决策经验基础之上的，越是借用客户已有的消费理念越能快速获得客户认同。例如，隔夜水不能喝的理念直接会让客户也接受隔夜奶不能喝的理念。

每个行业都有自己的行业理念，请思考一下自己所在的行业有什么可以直接影响产品决策的理念。

19 概念即卖点

概念是所有卖点中稀缺的"货币"。

为什么概念是一种稀缺的"货币"呢？因为对很多品牌来讲，概念卖点是一种能直接带来经济效益的卖点。概念是一种虚卖点，一个好的概念就使产品具备了独家性和超越性。同时因为概念是虚拟的，所以它也具备了唯一性和不可复制性。使用概念卖点就可以实现绝对的差异化竞争。

概念不同于任何类型的卖点，一种新的概念卖点可以在客户心中产生巨大的吸引力。例如，上学的时候，我们都知道新概念英语，那么什么是新概念英语？它与普通的英语有什么不同？我们并没有得到具体的解释。但加上"新概念"三个字，好像这本英语书就与众不同了。概念通常成为很多商品喜欢去附会的一种卖点，所以有了新概念手机、新概念汽车、新概念洗衣店等。

所谓概念卖点就是向客户表达一种抽象的、少见的、有思维含量的新卖点。

概念卖点是一种虚拟的、缺乏直观感受的卖点，也是一种看起来高大上且具有科技感、神秘感的卖点。

又如水分为软水和硬水，但在客户通常的认知中，他们并没有将水分为软水和硬水。但当我们强调提出水分为软水和硬水时，其中软水是钙镁化合物含量低的水，而硬水是钙镁化合物含量高的水。而从方便日常生活和饮水健康的角度来看，水就延展出了两个概念。软水是一个不能被感知到的概念，但它是一个非常重要的卖点，可以让客户做出倾向性选择。

虽然炒作概念为很多人所诟病，但是营销策划人却发现，炒作概念是能够最快占领客户心理的法宝。

地板行业曾经因为抗菌地板的概念而掀起了环保风，导致很多品牌转型为抗菌地板。而抗菌的概念又被借用到家纺行业，产生了裸睡家纺、抗菌除螨家纺等品牌标签。

案例 90 | 电视机行业的概念炒作之战

电视机行业可以说是典型的打概念战的行业。在黑白电视机的时代并没有什么概念之争，直到出现了彩色电视机。从黑白到彩色本身就是一个很大的进步，当客户已经无法对彩色电视机提出更多的升级需求时，电视机品牌之间开始了一场旷日持久的概念争夺战，且新概念层出不穷。

数字电视

液晶电视

数码电视

全媒体电视

多媒体电视

等离子电视

变频电视

平板电视

3D 电视

4K 电视

云电视

云健康电视

互联网电视

乐视曲面电视

暴风影音超体电视

　　面对这些眼花缭乱的新概念，消费者显得十分迷茫。经过不断地概念炒作，消费者感觉彩色电视也落伍了，自己的消费档次需要升级。概念就是给客户做一次闻所未闻、见所未见的理念升级（图2-68）。

图 2-68　各种新概念电视机

案例 91 | 大米行业的概念炒作之战

大米行业也经历了概念之战，客单价越卖越高，一粒大米被新概念包装成了奢侈品。

大米作为一种主食，最开始的好坏之分无外乎地域。大众公认的好米就是东北大米或泰国大米。这类大米的价格也只是比普通大米贵了一点点。而自从出现了新概念——有机大米，大米的身价瞬间翻倍，价格从几块一千克上涨到十几块一千克。自此之后，几乎所有的大米品牌都在强调自己的大米是有机大米。虽然有机大米和一般大米在口感上没有什么巨大的区别，也很难分辨有机和非有机的差异，但是客户从中得到了心理安慰，而有机的概念也成为了大米健康与否的一个重要标准。

有机米还不是最精彩的概念，孕婴米才是出人意料的概念。第一次看到自称孕婴米的品牌时，笔者为这个卖点策划拍案叫绝，原来大米是可以分性别和年龄的（图2-69）。

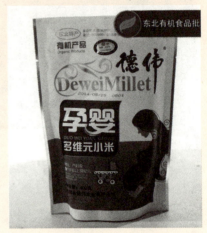

图 2-69　孕婴米

孕婴米是专门供孕妇和婴儿吃的大米，它与普通大米的一个巨大区别就是含有粗纤维，所以营养价值高。就是这么一个小小的概念，就把大米变成了孕婴专食的产品。

案例 92 | 卫宝，一款新概念的肥皂

舒肤佳一直是香皂等洗护产品市场占有率高的品牌。舒肤佳香皂之所以具备优良的除菌效果，主要是因为其中含有有效除菌、抑菌成分。这种成分具有很好的除菌、抑菌效果。一般来说，洗手除菌是机械除菌，洗完手以后还有可能接触

到很多细菌，而使用舒肤佳洗手可以形成一种抑菌环境。总之，抑菌成分的概念让舒肤佳的抗菌香皂地位十分稳固。

而卫宝，用一个新概念挑战了舒肤佳。卫宝——专门针对变异细菌的香皂。其新版广告内容频现"变异细菌"的字样（图2-70）。

图 2-70　卫宝品牌的推广广告

细菌会变异是大家都认同的观念，所以现在的细菌和很久之前的大不一样。以前的普通细菌通过使用普通的香皂就可以杀死，而现在的细菌已经适应了之前的香皂，产生了变异，所以现在要用新一代的香皂才能对抗变异细菌。

卫宝就成了很多注重家庭卫生的消费者的新选择。至于卫宝能不能成为肥皂界的一个黑马品牌，这就要看其品牌推广的速度了。若舒肤佳也提出对抗变异细菌的概念，如果卫宝防御能力弱的话，那么"变异细菌专家"就不会成为卫宝的品牌标签。

案例93 | 美的油烟机，一台会自己洗澡的油烟机

方太和老板两个品牌一直是油烟机行业的霸主，几乎处在垄断地位。但是美的进入油烟机市场也斩获颇丰，原因就是美的打造了一个新概念从而切入了市场，这个概念就是蒸汽洗油烟机。

油烟机虽然能够吸除油烟，但是用久了会很脏，而清理油烟机又是一件很麻

烦的事情，所以油烟机清洗就成为了令很多家庭主妇头痛的事。

这个时候美的打造了一款会自己"洗澡"的油烟机。广告中两个小孩子关于洗澡的对话，讲述了美的油烟机与其他油烟机最大的区别——美的油烟机不会积累油垢。

美的油烟机是一台能够进行自我净化的油烟机，因为美的油烟机能通过110度的高温蒸汽自动清理油烟机内部，每天使用每天自动蒸汽清洗，这样蒸汽洗的概念就直接被提炼了出来（图2-71）。

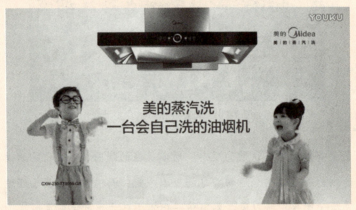

图 2-71　美的油烟机的广告

虽然油烟机的最大功能诉求是油烟处理能力，但是美的在行业抽油烟技术普遍很成熟的市场上提出蒸汽洗的概念，给美的平添了新的竞争力。

概念作为产品只可意会不能感知的卖点，拥有巨大的杀伤力。概念意味着崭新的消费标准、独家的核心技能、莫名的吸引力、无法复制的竞争力。所以当一个行业发展极度的红海，企业都在拼命地"造"概念。概念是没有框架的卖点和竞争力。

你发现还有哪些品牌是用概念在营销自我的？

20 情怀即卖点

　　情怀是什么？情怀是一种高尚的心境、情趣和胸怀。一个高尚的人从内在散发出的执着精神就是情怀。

　　近年来，"情怀"已经被植入了浓浓的商业气息。不提一下情怀，都不好意思说自己是做产品的。其实，说到情怀，最让人印象深刻的还是 2013 年的那场 Smartisan OS 的发布会。整场发布会，"情怀"是罗永浩口中出现频率最高的两个字。一边说着要做智能手机时代的工匠，一边却将强烈的理念和情感作为最大的卖点。但无论如何，在近一两年国产手机井喷的形势下，锤子手机凭借着情怀，确实在小而美的市场上获得了立足之地。

　　情怀被很多新品牌当作卖点，因为情怀能够把产品人格化，能够给人以接地气的人情味，客户不是在消费一件产品，而是与一个拥有高尚的精神、高尚的品格、高尚的价值观的产品在交流。

　　打情怀的品牌大多都是以下几个状态。

　　坚决反其道而行之说不做什么——老干妈说自己坚决不上市、不圈钱；

　　坚决旗帜鲜明地说只做什么——张小泉数百年来恪守"良钢精作"的祖训只做剪刀；

　　坚决放弃商业诱惑只做好产品——同仁堂；

　　偏执狂般地追求产品的完美体验——苹果；

只为少数值得服务的人存在——奢侈品；

坚持某种品牌理念和精神——只接待情侣的餐厅。

如果没有足够的品牌沉淀支撑，现在很多产品都会选择卖"情怀"。但是这样的方式，个别企业采用还好，如果大家一拥而上，都来讲情怀，却不注重产品的品质，那么情怀也就再无用处。

有情怀的品牌首先是由一个有情怀的人来成就的，因情怀而成就的品牌，最值得推崇的除了锤子手机，就要数褚橙了。

案例 94 | 褚橙，一个励志的橙子

褚时健曾经是商海的一代风云人物。他，云南玉溪红塔集团原董事长，曾经是有名的"中国烟草大王"。

1994年，褚时健被评为全国"十大改革风云人物"。褚时健使"红塔山"成为中国名牌，使玉溪卷烟厂成为亚洲第一、世界排名前列的现代化大型烟草企业。

1999年1月9日，褚时健因经济问题被处无期徒刑、剥夺政治权利终身，后减刑为有期徒刑17年。古稀之年入狱，75岁东山再起。2002年，保外就医后，他与妻子在哀牢山承包荒山开始种橙。2012年11月，85岁的褚时健种植的"褚橙"通过电商开始售卖。褚橙因品质优良，一上市就销售一空，而褚时健也成为了"中国橙王"。

褚橙，就是在这样一个励志的企业家手中诞生的。

褚时健2002年开始种橙子树，当时他选择了冰糖橙，这种品种的种植周期是5年，到2007年才结果。《褚橙方法》中详细讲述了褚时健与其夫人如何种植橙子，如何做到每一个橙子都一样甜。其中，有两点让我感触很深，一个是耐心，另一个是用科学的方法使橙子的口味标准化（图2-72）。

（a）

图 2-72　褚橙励志故事

　　说到耐心，这是很多创业者都不具备的。在当今的创业大潮中，项目还没启动就敢和风投要上千万。农业虽然和互联网创业不同，但是褚时健这种"种地"的精神是值得学习的。他将板结的土地通过有机肥灌溉变成沃土，花了数年时间，再种出果子，又是数年时间。

（b）

图 2-72　褚橙励志故事

　　褚橙一直坚持有机肥种植，坚持掌控农药的使用量，以确保橙子的品质，而不是只关注产量。为了实现橙子口味的标准化，褚时健坚持每亩地 80 棵树、每棵树留 240 朵花，株距 2 米、行距 3 米，每棵树每年施 150 千克有机肥，每年剪三次梢……通过严格的标准化种植和多年的经验积累，褚橙可以保证口味的一致。

（c）

图 2-72　褚橙励志故事

这也是农业种植方法上的创新，与做手机等科技产品一样，也是精细打磨，找到用户痛点的做法。手机的创新，是为了让消费者体验更好；橙子的创新是保持口感一致好，让消费者吃一口就知道这是褚橙。

（d）

图 2-72　褚橙励志故事

王石说，这就是中国传统的"工匠精神"。褚时健种橙第二年（即 2003 年），王石就来看过褚时健，褚时健当时的激情震惊了王石，但他没想到褚时健真能成功。当年万科订购了 10 吨褚橙，但那时褚橙"不好吃"。王石第二次来看褚时健已是 11 年后，是举国都说"励志橙"的时候，褚时健真的做成了。

同样是橙子，为什么褚橙成了众人眼中的"励志橙"，它是怎么做到的？

除了褚橙好吃以外，更重要的是褚橙拥有不可复制的情怀价值。它被人赋予了褚时健大起大落的人生经历："人生总有起落，精神终可传承"，一句话将褚时健种出来的橙子变成了一种人生可贵的时代精神。

案例 95 ｜ roseonly，一个有原则的鲜花品牌

自 2013 年成立，3 年来，roseonly 的销售增长率每年均超过 100%，仅在 2016 年情人节的销售额就近一亿元。

roseonly，奢侈玫瑰品牌，是专注打造爱情信物的品牌，斗胆制定"一生只送一人"的离奇规则。roseonly 一开始就定位高端，走奢侈路线，一出场就与众

不同。自创立之日起，roseonly 就打营销牌，凭借"一生只送一人"的营销概念，roseonly 与普通花店拉开了距离（图 2-73）。

（a）

图 2-73　roseonly "一生只送一人"的营销概念

为了极致地表达品牌情怀和原则。roseonly 的价格最开始只有4种: 520元（我爱你），799 元（妻久久），999 元（久久久），1314 元（一生一世），后来又推出了 3999 元的高价鲜花。

roseonly 的购买方式也很独特，它家的玫瑰是注册制，即消费者需通过线上注册，同时提供邮箱、手机号及指定唯一收礼人，而且一旦注册成功终身不能更改。在你填写他 / 她的资料时，roseonly 会提醒你：roseonly 的玫瑰"一生只送一人"，收花人信息不可更改。在 roseonly 买花，将生成一个由送花人和收花人共有的唯一码，并为二人产生一个独立的页面，以此机制保证"一生只送一人"。

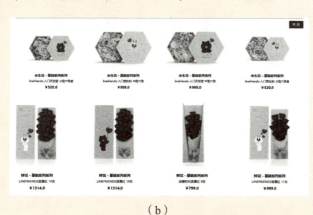

（b）

图 2-73　roseonly "一生只送一人"的营销概念

除了靠着"一生只送一个人"的口号分分钟俘获了少女们的心，roseonly 的产品定位一开始就已经非常鲜明：定位高端、奢侈品牌。

roseonly 称其玫瑰来自离天堂最近、最完美的玫瑰种植地厄瓜多尔，是欧洲皇室结婚用的玫瑰花。俄罗斯巨富或者是好莱坞明星用的玫瑰花大部分也来自厄瓜多尔。roseonly 甄选厄瓜多尔玫瑰中最优质的 1%，拥有 21 天的超长花期、150 厘米的挺拔花枝以及如心脏般大小、高达 7.6 厘米以上的花蕾。

2013 年 9 月，roseonly 在北京三里屯太古里开了第一家线下花店，之后，新门店先后落户成都 IFS、上海嘉里中心、天津恒隆广场、深圳万象城、广州太古汇、杭州银泰城等大牌云集的一线购物中心，选邻居、做形象丝毫不马虎。

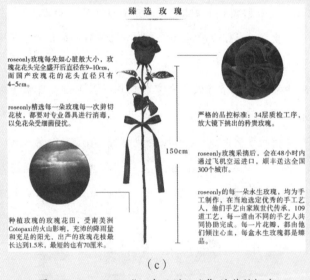

（c）

图 2-73　roseonly "一生只送一人" 的营销概念

roseonly 选择在高端购物中心开设门店，和大牌比邻，其租金等运营成本十分高昂。即便如此，它仍然选择在高端购物中心的一线位置，其欲打造奢侈品形象的策略一目了然。

越是走高端路线反而却越得到认可，尽管这只是金字塔顶端 1% 左右的人群，但在中国 1 000 亿元的鲜花市场，也足够大有可为了。

因为情怀极致，所以该品牌一开始就以逆袭行业的态势迅速发展起来。

该品牌的品牌情怀大有故事可讲，所以品牌传播速度很快。很多人上"缘来非诚勿扰"这样的节目都拿着这个品牌的鲜花讲故事。

roseonly 宣布，已于 2015 年底完成 1.9 亿元的 C 轮融资。这笔融资，roseonly 用来进行产品线扩展以及国际化布局。现在，该品牌已经是一个涉猎多个奢侈品种类的品牌了。

案例 96 | 烫，一个社交女鞋品牌

"烫"品牌在女性高跟鞋市场开创了"社交女鞋"的概念。它也是一个承载着年轻 90 后设计师孔靖夫将国外时尚理念带入中国，为设计师提供可交流平台梦想的品牌。"烫"在线上正式开售当月，销量就超过了 200 万元人民币，且每月销量成倍增长，目前已实现盈利。

"烫"品牌的社交女鞋总体设计简洁大方，同时，由于融合了国外的设计理念，鞋子的款式偏向欧美范。鞋子的颜色以黑、灰色为主，旗舰店的风格也是黑、灰的高冷范。

你需要一双好鞋，因为你有很多人要见！（图 2-74）

（a）

图 2-74　"烫"品牌的理念

这句流行的广告语，一看就十分有情怀，同时也代表着品牌的社交精神。

看到一双有特色的鞋，让人想了解它背后的主人。"社交场上，希望姑娘们更自信地面对众人，成为焦点，而焦点总是很'烫'的。"这是"烫"社交女鞋品牌诞生的初衷。

"烫"的设计师团队来自意大利与美国，团队成员均游历多国。正是这样的经历，让设计师团队自信能设计出适合中国的时尚产品。"烫"生产手感柔软、看上去自然的鞋，无论颜色还是舒适度，都是烫的专注所在。一双好鞋可以展现穿者漂亮的腿部线条，体现所有人的性格及品位。

"烫"的视觉设计也极其简约，很有诱惑力，高跟鞋的性感被展现得淋漓尽致。这个品牌从一开始的定位就极其高端，电商体系中女鞋类目的价格都在200元左右；而"烫"的定价最低是399元，大多数在700元左右。然而在低价横行的市场上，"烫"却成功了，吸引了无数的高品质客户群体。

"烫"的高定价并没有依仗新的功能卖点，也没有主打差异化，其款式市场上也很常见。"烫"就是靠一句有情怀的广告语被人们熟知和传播开的。借着这种情怀，"烫"实现了高利润经营，并且很快拿到了风投。

（b）

图2-74　"烫"品牌的理念

案例 **97** 轻生活，一个男朋友做出来的卫生巾

一片卫生巾凭什么估值 7 000 万元？"卖给男人的卫生巾"这一项目初听怪异，但却被演绎得别有情怀。2015 年，轻生活完成品牌升级并获得 pre-A 轮融资，估值 7 000 万元。

轻生活最初定位的消费人群是男性，希望卫生巾可以成为男人用来送给女朋友的礼物。所以被大家称为"卖给男人的卫生巾"。在礼盒的包装上也体现了这一点：除了一个月用量的卫生巾和一个用来装卫生巾的布包，每一个礼盒里都有女生的照片和男朋友写给她的一段话，这样的组合不禁让产品充满了人情味（图 2-75）。

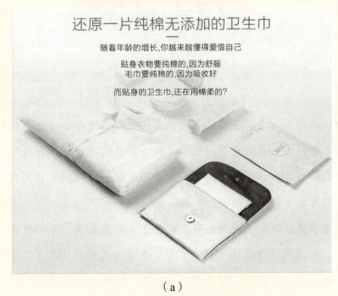

（a）

图 2-75 轻生活品牌的理念

轻生活创始人天成在一开始并没有考虑到去做卫生巾，甚至觉得男人去做卫生巾是很奇怪的事。然而，他女朋友在选购卫生巾上的苦恼改变了他的想法。他的女朋友是敏感体质，用国内市场上所能买到的卫生巾都会过敏，所以只能从国外代购，价格高不说，还非常麻烦。有一次女朋友提出，"要不做一款卫生巾

吧"，就这样一个半开玩笑的提议，让天成开始认真考虑给女友做一款安全好用的卫生巾。他花了七个月的时间来了解卫生巾市场，最终发现这确实是个值得投入的领域，于是决定做自己的卫生巾品牌。

（b）

图 2-75　轻生活品牌的理念

卫生巾这个行业近十几年来没有大的变化，而且还存在过分包装营销，荧光剂、染色剂、甲醛等产品污染等问题。了解了这些情况以后，天成不仅仅是要送给女友一份最好的礼物，还希望广大的女性朋友能得到更舒适、更安全的保障。他决心做一款真正安全的卫生巾。

天成和创业伙伴仅仅是跑材料商，就花了 4 个月时间。他们研究了一段时间后发现，杜绝过敏的根源是材质。为了感同身受，天成甚至拿自己的脸做实验，每天睡前、醒来都要用脸蹭一蹭各种材质样品，以此来挑选出最舒服并且不过敏的材质。

从材质到透气性和防尘性，天成都严格把关。原来市面上"棉柔"的主要材质是"化纤＋黏合剂"，敏感肌肤会本能反抗，而"纯棉"则是用天然棉花进行轻加工形成的干净的纯棉表层。

工厂老板曾经告诉过天成，对于大部分不过敏的女性来说，她们是感受不出纯棉和人造纤维的差别的，所以没有必要选用贵了 5 倍的纯棉，但是天成却坚持要用纯棉进行加工。

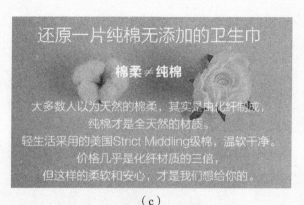

（c）

图 2-75　轻生活品牌的理念

团队花了大半年的时间打造出了第一代产品，天成给它起了一个名字叫"轻生活"。并推出一款个性化专属定制系列，定位为"男生购买的第一款卫生巾"，并且礼盒内还可以镶嵌一张照片或者写一句暖心的话。试问一个女孩子收到男朋友如此精致又贴心的礼物，怎么会不心动？

动人的故事和贴心的设计，让"轻生活"的销量直线上升。借助互联网和新媒体的推广，也让"轻生活"的品牌更加深入人心。

轻生活以 100% 美国进口的 Strict Middling 级长绒棉表层作为原料，100% 无化学添加剂，真正做到零荧光剂、零染色剂、零甲醛。无论是产后妈妈还是敏感肌肤人群，都可以放心使用。

他们还将日本产的住友高分子（一种最新开发出的高吸收性树脂产品，具有吸收速度快，吸收后凝胶干爽的特点）材料压制在一张薄纸中，从而将卫生巾的吸水能力提升到 200ml。

"轻生活"卫生巾使用的是食用级别的德国汉高胶，牢固性强，贴合度好，不会移动，更换的时候也能一次到位。

卫生巾这样私密的物品，不管是对于女性或是男性，购买时多少都有些尴尬。

就是考虑到这个问题，轻生活的外包装设计成一个精致的盒子，彻底摆脱购了买时的尴尬。

（d）

图 2-75　轻生活品牌的理念

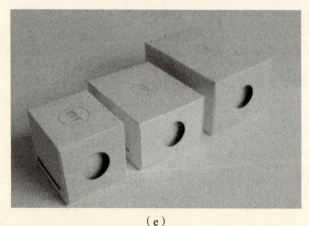

（e）

图 2-75　轻生活品牌的理念

　　轻生活，一个男朋友做的卫生巾，一个卖给男人的卫生巾，一个颠覆体验感的卫生巾，就这样逆袭了。

案例 98 | 江小白，一个年轻人的白酒品牌

提到白酒中一个有情怀的品牌，那必属江小白无疑。

江小白无疑是比较成功的，至少在四川地区，忽然遍地开花，异军突起，在竞争激烈的白酒行业中保持高速发展的同时，还保留了一份难得的情怀（图2-76）。

在江小白之前，五粮液、汾酒等名酒都跟国学、古典文化结合起来进行宣传，让白酒变得高大上起来。

近年来中国传统文化面临着消费群体尤其是年轻消费群体流失的危机。当一部分人感叹"年轻人不懂白酒文化"时，江小白反而认为是"白酒不懂年轻人"。

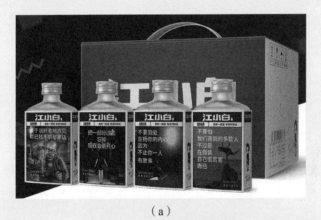

（a）

图 2-76　江小白白酒

江小白是在整个白酒业的冬天崛起的。2013 年白酒企业在冷风中醒过来。2014 年 3 月 5 日，五粮液集团董事长唐桥对媒体承认，去年是他掌舵五粮液七年以来，过得最累、最艰难的一年。唐桥当然不是唯一觉得艰难的人。

"随便打开一个网站，找到财经板块，搜索酒板块的上市公司，所有公司都一样，股价从 3 月，down，down，down，基本就是跌到底。"酒类电商的资深从业人士李刚一边说着，一边还用手比画了一个向下的动作，"真的是底，很惨的那种。"而作为佐证的数据是：2013 年，14 家酒企的市值蒸发了 2 490 亿元。

　　江小白之父陶石泉则与众不同。首先他成立了一个公司，这个公司不叫作×××白酒厂，不叫作×××酒业，而是叫"重庆江小白酒类营销有限公司"。什么？营销公司，听上去就像骗子公司一样，这完全违背了"酒香不怕巷子深"的观念，这不科学。但是，就像它的名字一样，江小白走上了另一条营销之路，且一路走得风生水起。

　　与一般的白酒公司不同，江小白和饮料公司的做法类似，有自己的品牌形象：略长的黑色头发，带着黑框眼镜，标准漫画的大众脸型，打扮是白T恤搭配灰色的围巾，外套是英伦风的黑色长款风衣，下身配深灰色牛仔裤和棕色休闲鞋。如果要联系一个具体人物，大概就是《男人帮》里孙红雷扮演的顾小白。这也是最初陶石泉将品牌叫作江小白的由来。影视剧里"小白"的名字，总因为简单而容易让人记住，推及品牌名，似乎也同样适用。

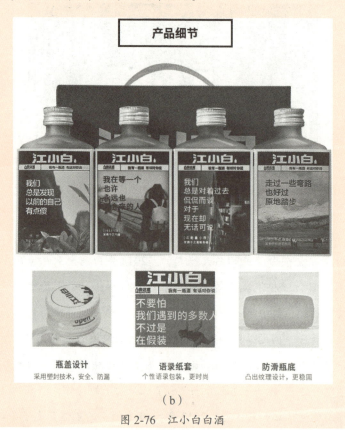

（b）

图 2-76　江小白白酒

第一次记住江小白是因为文案，江小白的文案很具有冲击力，很有情怀。

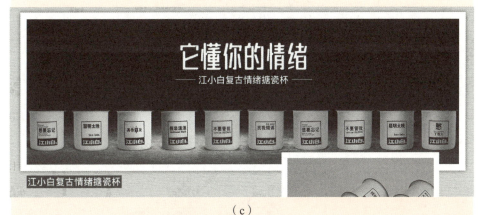

（c）

图 2-76　江小白白酒

这家年轻的公司在 2013 年下半年就实现了盈利，2013 年全年达到综合收支平衡，销售额为 5 000 万元。从成立公司到在业内打响名声——"我是江小白"，这个品牌仅用了一年的时间。

可以说，江小白的崛起是消费者对情怀的一种认可。

情怀即卖点，情怀就是将品牌精神人格化、情绪化、精神化地传导给客户。通常有调性的品牌都在打情怀牌。例如，黄太吉煎饼果子也是一个有情怀的品牌，只不过后来因产品品质问题最终被客户放弃。

品牌给自己打情怀标签时，一定要同时让客户有惊喜的体验，认可这确实是一个有内涵和品质的品牌。互联网中最早将情怀作为卖点的成功案例就是三只松鼠。前一段时间，三只松鼠老板砸了线下刚装修好的门店，据说被砸店面的装修费用要 200 万元，营销效果虽然不如张瑞敏砸冰箱，但是也展示了三只松鼠对品牌体验要求的苛刻。

一句话，持久的情怀卖点是建立在品牌持久的品质追求和持续升级的客户体验基础上的。

卖点提炼思路

外观即卖点
- 外包装是否有创意——江小白
- 颜色是否有寓意——蓝瓶钙
- 形象是否有创新——卡通造型等
- 风格是否有引领——度假风

材质即卖点
- 材质是否有讲究——冰丝棉
- 材质是否有组合——桐木主义
- 材质上是否有创新——木头灯
- 材质的独特性——原矿生铁
- 材质处于什么级别——医用无致敏棉

工艺即卖点
- 什么独家的工艺——古法焙烧
- 什么原理的工艺——高温蒸馏
- 什么配方的工艺——植物萃取合成
- 什么大师的工艺——非物质传承人

功能功效即卖点
- 有什么你有别人没有的功能
- 有没有比别人升级的功能
- 是不是多功能
- 具体可以达到什么级别的效果
- 功能功效的原理是什么
- 这个功能功效解决了什么痛点
- 这个功能功效满足了什么需求

时间即卖点
- 快——是不是比对手见效快（1秒速干）
- 慢——产品是不是耗费时间的精品（手工慢制）
- 新——产品是不是新鲜（3天有效期）
- 老——这件产品是不是有古老的历史沉淀（御用）
- 长——是不是长时间满足客户（二胎能用）
- 时刻——是不是针对特殊时刻（夜晚、熬夜）

数字即卖点
- 次数——第一道奶源
- 个数——双宫黄蚕丝
- 种数——皮肤不得使用超过3种品牌的化妆品
- 时数——24小时试穿
- 序数——6道工序、5层过滤

地域即卖点
- 气候——地中海气候
- 地区——宁夏枸杞
- 地理——北纬30°
- 地形——高原盆地
- 地貌——深海悬崖
- 地点——客厅书房

人群即卖点
- 性别——针对男、女
- 年龄——针对老人、小孩、青年、中年
- 职业——老板、司机
- 关系——父亲、妻子
- 特殊时期——孕产、婚庆、生病

专家即卖点
- 产品设计专家——设计师、研发者
- 产品生产专家——工程师
- 产品行业专家——学科教授、特殊职业
- 产品决策专家——理论观点、科学统计、新闻报道
- 产品引领专家——明星达人、精英

理念即卖点
- 产品设计理论——偏头奶嘴易吮吸
- 产品使用理念——45°科学喂奶
- 产品品牌理念——不做大品牌，慢工只做品质
- 产品行业理念——38°破壁标准

概念即卖点
- 多看众筹产品，可以发现很多新概念
- 多看科技产品，可以发现很多概念
- 多看跨行业的产品，可以借用概念
- 多看竞争激烈的类目，容易激发新概念

情怀即卖点
- 创始人苛刻是一种情怀——乔布斯
- 反对对立是一种情怀——不做大品牌
- 极端化定位是一种情怀——轻生活卫生巾
- 颠覆行业是一种情怀——锤子手机
- 偏僻是一种情怀——限量，为少数人服务，只为某类人服务

提示：卖点思路远不止上述几点，凡需求所在、痛点所在就是卖点

第3编

卖点设计风暴

21 客户需求画像	
客户年龄	例证：18 岁 ~ 28 岁为主，28 岁 ~ 35 岁为辅
客户职业	例证：学生 / 刚毕业白领
客户性别	例证：女性为主
消费层次	例证：层次较弱 / 忠诚度低 / 内衣价格段 39 ~ 69 元
主要成交关键词	例证：内衣女薄款 / 内衣聚拢 / 内衣收副乳 / 内衣无钢圈
核心需求	例证：超薄 / 聚拢 / 收副乳 / 防下垂 / 无钢圈
未被满足的需求	例证：超薄型聚拢 / 超薄型防下垂
附加需求	例证：蜂窝理念 / 聚拢 / 透气 / 超薄
反馈痛点	例证：不聚拢 / 挤胸 / 不透气
整理来源	客服聊天记录 / 直通车 / 成交关键词

22 竞品分析

净水机案例

行业销量 TOP 20 产品优势总结	例证：陶瓷滤芯 /0.2 微米净化 / 矿物质保留净化 / 终身保修 / 德国技术 / 双水切换 / 深海硅藻陶瓷 / 银离子抗菌球 / 六层过滤 /1:1 废水比……
行业综合排序 TOP 20 位产品优势总结	例证：不锈钢滤芯 / 送 4 年滤芯 / 瓶装矿泉水标准 / 三重活性炭 / "净水机 + 饮水机" 一机两用 / 进口品牌 /RO 膜反渗透过滤技术……
行业中客单价 TOP 20 产品优势总结	例证：母婴机直饮矿物质水 / 无废水 / 不用电 / "净水机 + 饮水机" 双合一 / 自动清洗 / 能加热净水机 / 全屋净化 / 不换滤芯……
中段价综合排序 TOP 20 位产品优势总结	例证：不占地方 / 高强磁化七层净化 / 双级过滤 / 全屋前置过滤器……
行业高客单价 TOP 20 产品优势总结	例证：纳米过滤技术 / 智能手机监控 / 厨下式 / 无罐一体 / 会烧水的净水机……
高价综合排序 TOP 20 位产品优势总结	例证：重金属也能净化 / 大通量出水 / 创新无桶 / 无铅不锈钢……
可借用的卖点总结	例证：矿物质净水机 / 母婴标准 /0.1 微米净水……
可升级的卖点总结	例证：碱性水净水机
整理来源	主要搜索关键词的销量排序和综合排序

23 跨行业头脑风暴

坚果案例

相似人群属性类目	例证：女白领（辣条消费者 / 鸭脖消费者 / 代餐粉消费者 / 花茶消费者……） 例证：营养 / 新鲜 / 无菌生产 / 签约种植地 / 无添加 / 低糖低热……
相似类目属性类目	例证：地域属性（精油类目 / 茶叶类目 / 蜂蜜类目） 例证：只选用保加利亚契约种植的玫瑰 / 地荒半年种半年 / 在规定时间内采摘……
相似需求属性类目	例证：健康营养属性（孕产食品 / 哺乳食品 / 糖尿病治疗食品 / 婴儿食品） 例证：低糖低脂 / 无添加纯天然 / 不上火工艺 / 配方科学 / 破壁吸收
可借用的卖点总结	例证：低糖低脂 / 孕产理念 / 不上火工艺 / 高原环境
可升级的卖点总结	例证：孕产低脂坚果（减肥塑形）
整理来源	主要搜索关键词的销量排序和综合排序

24 产品升级头脑风暴	
包装升级	例证：包装全部配上段子，如故事书
外观升级	例证：把电推剪设计为彩色的
材质升级	例证：使用不锈钢的过滤器
工艺升级	例证：银离子抗菌 + 三层炭过滤
功能升级	例证：加热 + 净化 + 饮水机
跨界升级	例证：会充电的手机壳
整理来源	团队头脑风暴

25　卖点设计头脑风暴				
	虚卖点	实卖点	卖点炸点	卖点进化
外观即卖点				
材质即卖点				
工艺即卖点				
功能即卖点				
功效即卖点				
时间即卖点				
数字即卖点				
地域即卖点				
人群即卖点				
专家即卖点				
理念即卖点				
概念即卖点				
情怀即卖点				
整理来源	团队头脑风暴			

后 记

卖点有极其多的角度，远不止以上的描述；

卖点有极其广的宽度，远不止一个面的表述；

卖点有极其深的深度，可以进化为不同的称呼；

卖点源自于需求，需求源自于追求快乐与逃避痛苦；

卖点可以成就一个品牌，也可迭代一个类目。

书中讲到的所有案例，只是卖点的一些具体呈现，而这些呈现还远远不能够表达卖点的立体面貌。

三流的企业停留在卖产品的层面，二流的企业停留在卖品牌的层面，一流的企业停留在卖理念的层面。卖点分高低，也分层次，格局决定企业的品牌层级。

卖点需要不断地进化，才能带动商业的更新迭代；卖点需要不断地切割，才能优胜劣汰寻找到优秀的企业。

优秀的品牌策划人一定是天马行空、灵光闪动的。你每天用 100 个角度来看世界，看得多，自然就能跨界思考、融会贯通。

如果你对品牌策划和卖点设计有兴趣，可以多和品牌策划人在一起交流，融入这个圈子，也许下一个黑马和创意就自然产生了。

最后，希望本书可以引发你对产品力重塑的一点点思考，这就够了。